MARCO POLO

Reisen mit Insider Tipps

KENIA

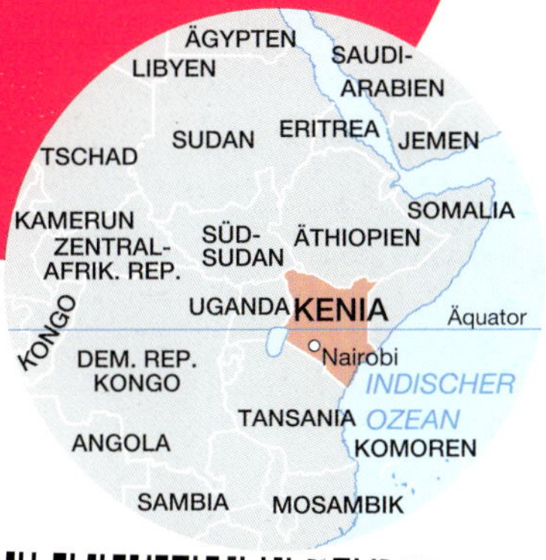

W0176873

**MARCO POLO Autor
Marc Engelhardt**

Sieben Jahre lang hat Marc Engelhardt in Kenia gelebt, seine beiden Töchter sind in Nairobi geboren. Als freier Korrespondent hat er viele Winkel Kenias gesehen, doch das Land überrascht ihn bis heute. Auch jetzt, wo er schwerpunktmäßig von den UN berichtet, ist er mehrmals im Jahr in Kenia – Urlaub macht er am liebsten in einem der Nationalparks oder im unerschlossenen Norden des Landes.

www.marcopolo.de/kenia

Die besten Insider-Tipps → S. 4

INSIDER TIPP

Best of ... → S. 6

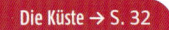

Die Küste → S. 32

Der Südosten → S. 52

SYMBOLE

INSIDER TIPP Insider-Tipp

★ Highlight

●●●● Best of ...

☼ Schöne Aussicht

◕ Grün & fair: für ökologische oder faire Aspekte

(*) kostenpflichtige Telefonnummer

PREISKATEGORIEN HOTELS

€€€ über 150 Euro

€€ 100 – 150 Euro

€ unter 100 Euro

Die Preise gelten für eine Übernachtung von zwei Personen im DZ mit Frühstück. Die meisten Lodges in den Parks sind nur mit VP buchbar

PREISKATEGORIEN RESTAURANTS

€€€ über 30 Euro

€€ 15 – 30 Euro

€ unter 15 Euro

Die Preise gelten für ein dreigängiges Essen ohne Getränk

Titelthemen: Tsavo: Wo die roten Elefanten leben S. 55, 96 | Weißer Sandstrand S. 49

INHALT

Nairobi → S. 60

Der Südwesten → S. 72

Highlands und der Norden → S. 82

Reiseatlas → S. 120

GUT ZU WISSEN
Geschichtstabelle → S. 12
Spezialitäten → S. 26
Sprechende Tücher → S. 48
Schnee von gestern → S. 56
Sicherheit → S. 71
Bücher & Filme → S. 86
Was kostet wie viel? → S. 112
Währungsrechner → S. 113
Wetter in Mombasa → S. 115

KARTEN IM BAND
(122 A1) Seitenzahlen und Koordinaten verweisen auf den Reiseatlas
(U A1) Koordinaten für die Karte von Nairobi im hinteren Umschlag
(0) Ort/Adresse liegt außerhalb des Kartenausschnitts
Es sind auch die Objekte mit Koordinaten versehen, die nicht im Reiseatlas stehen

UMSCHLAG HINTEN: FALTKARTE ZUM HERAUSNEHMEN →

FALTKARTE
(A–B 2–3) verweist auf die herausnehmbare Faltkarte
(a–b 2–3) verweist auf die Zusatzkarte auf der Faltkarte

Die besten MARCO POLO Insider-Tipps

Von allen Insider-Tipps finden Sie hier die 15 besten

INSIDER TIPP ▶ Tierische Freundschaft

Im Haller Park nahe Mombasa kuscheln das Flusspferd Owen und seine Ersatzmama Mzee, eine Riesenschildkröte, miteinander um die Wette: die vielleicht rührendste Liebesgeschichte der Welt → **S. 45**

INSIDER TIPP ▶ Schmuck aus der Natur

Aus Horn und Schaumkoralle, Bein und recyceltem Aluminium designt die deutsche Auswanderin Marie-Rose Iberl geschmackvollen und ökologisch einwandfreien Schmuck → **S. 29**

INSIDER TIPP ▶ Urlaub wie Robinson

Im Robinson House in Kilifi weht die Meeresbrise ins zum Strand hin offene Himmelbett, eine Treppe führt direkt ins türkisfarbene Meer: ein romantischer Traum → **S. 45**

INSIDER TIPP ▶ Insel-Wellness

In Lamus Banana House locken der nahe Strand, ein Pool sowie Massagen und Yoga: ein Wellness-Erlebnis der besonderen Art → **S. 36**

INSIDER TIPP ▶ Skulpturen und Staffeleien

In den Ateliers des Kuona Trust können Sie kenianischen Künstlern bei der Arbeit zusehen: phantasievolle Zeichnungen und Skulpturen, abstrakte Malerei und Drucke sind hier zu bewundern – und natürlich dürfen Sie die Werke auch kaufen → **S. 62**

INSIDER TIPP ▶ Nairobis grüne Oase

Im Gartencafé Le Rustique kann man sich bei Waffeln, Crêpes und mediterranen Köstlichkeiten von der Großstadt erholen, mittwochs lockt ein Candlelightdinner mit Lagerfeuer → **S. 65**

INSIDER TIPP ▶ Paddeln zwischen Krokodilen

Die traumhaft gelegene Lodge Tana Delta Dunes ist der perfekte Ausgangspunkt für abenteuerliche Kanusafaris auf dem Tana-Fluss, in dem es von mächtigen Flusspferden und hungrigen Krokodilen nur so wimmelt → **S. 39**

INSIDER TIPP **Luxus im Busch**

Nach der Safari ein Open-Air-Bad auf der Zeltterrasse, dann ein Dinner mit Wein aus dem reich sortierten Keller: Im Mara Bushtops wird Luxus großgeschrieben → **S. 81**

INSIDER TIPP **Delphinsafari**

Lassen Sie sich von Wasini Island aus mit der Dhow auf den Indischen Ozean hinausfahren, um Delphine und Walhaie zu beobachten → **S. 50**

INSIDER TIPP **Wandern mit Antilopen**

Kenias kleinster Nationalpark Saiwa Swamp im fernen Westen Kenias lässt sich am besten zu Fuß erkunden: Mit Glück sieht man dann auch die scheue Sitatunga-Antilope → **S. 76**

INSIDER TIPP **Tierisches Spektakel**

Wenn mehr als 2 Mio. Gnus, Zebras und Antilopen in die Massai Mara wandern, halten die Löwen ein Festmahl, und die Kameras stehen nicht mehr still (Foto u.) → **S. 105**

INSIDER TIPP **Kitesurfing am Designerstrand**

In der eleganten und voll ökologischen Che-Shale-Lodge lässt sich der rasante Surfsport schnell erlernen: Wer einmal angefangen hat, hört nicht wieder auf → **S. 100**

INSIDER TIPP **Badespaß am Jadesee**

Mitten in der Wüste und doch am Wasser: Das Eliye Springs Resort am Turkanasee (Foto li.) liegt an Kenias entlegenstem Strand, das Wasser leuchtet jadegrün → **S. 97**

INSIDER TIPP **Allein im Garten Eden**

Wie das Paradies ragt die Matthews Range aus dem trockenen Umland: Kaum ein Tourist findet hierher, das Kitich Camp ist eine Oase für Erholung Suchende → **S. 91**

INSIDER TIPP **An Zebras vorbeiradeln**

Der Hell's Gate National Park lässt sich zu Fuß erwandern oder auf dem Leihfahrrad erstrampeln: Näher an der Natur kann man nicht sein → **S. 94**

BEST OF ...

TOLLE ORTE ZUM NULLTARIF
Neues entdecken und den Geldbeutel schonen

● *Oase im Großstadtdschungel*

Nur eine kurze Fahrt von Nairobis brodelnder Innenstadt entfernt liegt ein grünes Paradies: Zwischen den exotischen Bäumen im *Arboretum* erholen sich auch viele Kenianer. Der Eintritt ist frei → S. 62

● *Auf den Spuren der Urmenschen*

In den 1940er-Jahren fanden Mary und Louis Leakey in *Olorgesailie* die Überreste einer Urmenschensiedlung: So reich waren die Funde, dass bis heute gegraben wird. Die Funde können Sie an der Ausgrabungsstätte kostenlos besichtigen, ein Museum erklärt Hintergründe → S. 77

● *Club der coolen Dichter*

Schriftsteller, Literaten, Wortjongleure und solche, die es werden wollen, stellen in den Clubs und Kneipen Nairobis regelmäßig ihre Werke vor: mal jung, mal spritzig, mal nachdenklich, aber immer originell. Eine gute Adresse ist der *Club Soundd* → S. 68

● *Picknick am Naivashasee*

Das Wochenende verbringen viele Kenianer gern am Naivashasee. Nur eine Stunde von der Hauptstadt entfernt, genießt man ein Picknick am sanft plätschernden Seeufer, schaut dabei Affen, Flusspferden und Vögeln zu, etwa auf den Wiesen vor dem *Fisherman's Camp* – und spart sich den Eintritt für einen Nationalpark (Foto) → S. 77

● *Kunst aus Scherben*

Die deutsch-kenianische Künstlerin Nani Croze macht aus Altglas Kirchenfenster, schiefe Krüge, Windspiele und vieles mehr. In ihrer Werkstatt *Kitengela* am Stadtrand von Nairobi, selbst ein Gesamtkunstwerk aus geschmolzenem Glas, sind Besucher stets willkommen, auch wenn sie nichts kaufen → S. 28

● *Die ganze Pracht der Hinduisten*

Der *Jain-Tempel* in Mombasa ist die prächtigste Glaubensstätte des ganzen Landes: Überall strahlend weißer Marmor, Kuppeln und Pagoden – ein traumhafter Anblick, und der Eintritt ist frei → S. 41

● ● ● ● ● Diese Punkte zeichnen in den folgenden Kapiteln die Best-of-Hinweise aus

● *Im Safariparadies*

Die *Massai Mara* ist der Inbegriff des afrikanischen Nationalparks: In der Savanne grasen Zebras und Büffel, Löwen und Leoparden jagen nach Beute, und prächtige Vögel ziehen über die atemberaubende Szenerie hinweg → S. 79

● *Den Kilimandscharo bewundern*

Afrikas höchster Berg ist ein einmaliger Anblick, den Sie besonders schön vom traumhaften *Tortilis Camp* aus genießen können: Der schneebedeckte Gipfel leuchtet im blauen Himmel, davor marschieren Elefantenherden durchs Gras → S. 55

● *Essen wie die Kenianer*

Den weißen Maisbrei Ugali sollten Sie unbedingt einmal probieren: Dazu gibt es geröstete Ziege, Lamm oder Fisch und Sukumawiki, eine Art Mangold. Erhältlich ist er an fast jeder Straßenecke oder im *Amaica*-Restaurant in Nairobi → S. 63

● *Schwimmen, tauchen, sonnenbaden*

Der schönste Strand Kenias liegt südlich von Mombasa und heißt *Diani Beach:* feiner weißer Sand mit Schatten spendenden Palmen, davor das türkisfarbene Meer und das Riff, wo Sie tauchend die schillernde Vielfalt von Fischen und Korallen bestaunen können (Foto) → S. 49

● *High Tea wie Karen Blixen*

Auf der Lord-Delamere-Terrasse des *Norfolk Hotels* hat schon Karen Blixen („Jenseits von Afrika") gesessen. Bis heute wird im ältesten Hotel Nairobis wie zu Kolonialzeiten vom Butler feinstes Porzellan gedeckt, zum Tee werden Scones, Eclairs etc. gereicht → S. 69

● *Ein Waisenhaus für Elefanten*

Einmal am Tag werden die Elefanten, die auf der Farm von *Daphne Sheldrick* für die Rückkehr in die Wildnis aufgepäppelt werden, gefüttert – und Sie können als Zuschauer dabei sein → S. 103

● *Volle Ladung Küstenkultur*

Beim *Lamu Cultural Festival* im November verwandelt sich die Insel in eine Open-Air-Bühne. In der Altstadt von Lamu Town wird dann getanzt, gesungen und mit allerlei Kulturevents gefeiert → S. 105

TYPISCH

BEST OF ...

SCHÖN, AUCH WENN ES REGNET
Aktivitäten, die Laune machen

● Zurück in die Vergangenheit

Das generalüberholte *National Museum* in Nairobi ist schon wegen seiner prähistorischen Fundstücke ein Muss. Hier sehen Sie, warum Kenia als Wiege der Menschheit bezeichnet wird (Foto) → S. 63

● Zwischen Schmetterlingen

Auf der *Kipepeo Butterfly Farm* bei Malindi werden im Gewächshaus mehr als 260 Schmetterlingsarten gezüchtet: eine farbenfrohe Abwechslung vom grauen Regenhimmel → S. 38

● Modern Art of Kenya

In der *One Off Contemporary Art Gallery* zeigt Carol Lees Bilder und Skulpturen von allen, die in Kenia Rang und Namen haben. Genießen Sie die einzigartige Atmosphäre in diesem Kunsthaus, wenn's draußen mal regnet → S. 63

● Unter den grünen Hügeln Afrikas

Auch wenn es oben regnet, ist es in den unterirdischen Kanälen, die die Lavahügel der *Chyulu Hills* durchziehen, trocken. Taschenlampen beleuchten eine magische Landschaft unter Tage, die nur wenige Besucher je zu Gesicht bekommen → S. 59

● Regensichere Safari

Wenn es in den Nationalparks zu nass ist, ist die Lodge *The Ark* die perfekte Alternative. Hier wandern die Tiere zu den Besuchern, um Salz vom mineralischen Boden vor dem Hotel zu lecken. Die Beobachter stehen derweil hinter Glaswänden im Trockenen → S. 83

● Ganz Afrika in einem Haus

Draußen westafrikanische Lehmarchitektur, drinnen Kunst vom ganzen Kontinent: Alan Donovans *African Heritage House* können Sie auf Voranmeldung besichtigen, Lunch oder Dinner mit dem Hausherrn inklusive → S. 70

REGEN

ENTSPANNT ZURÜCKLEHNEN
Durchatmen, genießen und verwöhnen lassen

● **Meditation inklusive**
Entspannung ist im *Shaanti Retreat* Programm: In Kenias einzigem ayurvedischem Strandhotel gibt es Yogakurse mit Meerblick, Massagebänke am Strand und eine einfallsreiche vegetarische Küche → S. 51

● **Einfach treiben lassen**
Einfach nur Wind, Salz und Sonne im Gesicht spüren – den Rest macht der Kapitän. Eine *Fahrt mit der Dhow,* dem traditionellen Segelboot der Swahili, ist ein echter Genuss (Foto) → S. 36

● **Verwöhnsafari in Tsavo**
Im Luxuscamp *Finch Hatton's* schwelgen Besucher im Stil der goldenen 20er-Jahre. Musik vom Grammofon untermalt den Blick, dazu ein Glas Schampus: Entspannender kann Safari nicht sein → S. 58

● **Bar on the beach**
Füße im Sand, ein Sundowner in der Hand und das letzte Glitzern des Meeres im Blick. In der *Nomad Beach Bar* können Sie den Tag ganz locker ausklingen lassen, bis die Sterne den Himmel erleuchten → S. 51

● **Traumhaus in der Natur**
Im *Olerai House* dürfen Sie sich wie zu Hause fühlen: Im Heim der Elefantenschützer Iain und Oria Douglas-Hamilton ist jedes Zimmer künstlerisch gestaltet. Beim Essen wandern Zebras am Tisch vorbei, Vögel landen auf dem im Gras liegenden Sitzkissen → S. 78

● **Allein am Strand ausspannen**
Am Strand von *Msambweni* sind Touristen eine Seltenheit, obwohl der malerische Küstenabschnitt nur 15 km südlich von Diani Beach liegt. Hier ist der Alltag noch beschaulich, aufdringliche Beachboys gibt es nicht → S. 49

● **Spa, afrikanisch**
Hot-Stone-Massage, eine afrikanische Ölkur oder relaxendes Facial? Im *Wild Earth Spa* in Nairobi (Westlands) gibt es tausendundeine Möglichkeit zur Erholung → S. 67

AUFTAKT

ENTDECKEN SIE KENIA!

Der ganze Reichtum Afrikas in einem Land, das ist Kenia: vom Indischen Ozean mit bunten Riffen und dem golden leuchtenden Strand, an den türkisfarbene Wellen schlagen, bis hin zur wogenden Weite der Savanne, durch die Löwen und Elefanten, Antilopen und Büffel ziehen. Im Hintergrund erhebt sich – schon auf dem Gebiet des Nachbarlands Tansania – der höchste Berg des Kontinents, der 5892 m hohe Kilimandscharo mit seiner Schneekuppe. Auch Kenias höchster Berg, der Mount Kenia (5199 m), ist schneebedeckt. Im tiefen afrikanischen Grabenbruch locken tiefblaue Seen und brodelnde Geysire, im Norden schließt sich die Wüste an, die nur vom Jadegrün des Turkanasees unterbrochen wird. So viel Vielfalt gibt es in Afrika kein zweites Mal.

Quer durch Kenia zieht sich der Äquator, der das Land in zwei ungleiche Hälften teilt: in den weithin fruchtbaren Süden, wo die großen Städte sind und der weitaus größte Teil der Bevölkerung lebt, und in den trockenen, weiten Norden, den Nomaden durchwandern und der das Ziel der Abenteuerlustigen ist, die auf Kamelsafari gehen oder

Bild: Mount Kenya

im jadegrünen Turkanasee schwimmen wollen. Regenwälder und Teeplantagen, staubige Dornbuschsavannen und Afrikas rote Erde: Das alles ist Kenia. Selbst die Topografie strahlt Vielfalt aus. Nicht nur die höchsten Berge, auch die tiefsten Schluchten hat das Land zu bieten. Der Große Grabenbruch (englisch Rift Valley) fällt von der fruchtbaren Hochebene abrupt und steil um mehrere Hundert Meter nach unten ab.

Und überall sorgt die Natur für Wunder, die unvergesslich bleiben. Wenn die aufgehende Sonne die Savanne in ihren roten Schimmer taucht, ist die beste Zeit, auf Safari zu gehen. Giraffen und Geparden, Leoparden und Löwen, Nashörner und Flusspferde, dazu Zebras, Krokodile, Gnus und Hunderte Vogelarten erwachen mit dem neuen Tag. Kenias Nationalparks und Reservate sind in weiten

Teilen noch so unberührt wie vor hundert Jahren, lassen sich mit dem Geländewagen aber dennoch bequem erkunden. Zwischen den Fahrten lässt man sich in den Lodges und Bush Camps verwöhnen und muss auf kaum eine Annehmlichkeit verzichten. Nur der Blick von der Terrasse erinnert daran, dass man sich mitten in der Wildnis befindet. Doch nicht nur Naturfreunde kommen in Kenia auf ihre Kosten. Kenias Strände gehören ebenso wie die Tauchgründe zu den besten der Welt. Wer nicht nur faul am feinen Sandstrand liegen möchte, kann segeln oder angeln, surfen oder schnorcheln und auch Golf spielen – mit Meerblick. Auch Trendsportarten wie

Von der Savanne zum Traumstrand

Kitesurfing, Abseiling oder Mountainbiketouren im rauesten Gelände werden mittlerweile angeboten. Der Kilimandscharo bietet ebenso wie der Mount Kenya zahlreiche

2,5 Mio. v. Chr.
Wiege der Menschheit: Erste Frühmenschen leben im Rift Valley bei Koobi Fora (Turkanasee)

9. Jh. n. Chr.
Muslime aus Arabien und Persien nehmen Handel mit der Küste auf; Aufschwung der Swahili-Kultur

1848
Der deutsche Missionar Johannes Rebmann erblickt als erster Europäer den Kilimandscharo

1920
Das Protektorat Ostafrika wird britische Kronkolonie unter dem Namen Kenya

1963
Kenia wird unabhängig, Jomo Kenyatta Gründungspräsident

Mußestunden in Nairobi: Naherholungsziel Uhuru Park

Möglichkeiten zum Trekken und Bergsteigen. Und wer sich nach Stadtleben sehnt, nach Kultur, nach Abwechslung im Speiseplan oder schlicht nach einer rauchigen Bar, der wird in den Metropolen Mombasa und Nairobi sicher fündig. Wie genau man den Urlaub in Kenia verbringt, hängt auch vom Geldbeutel ab. Für jeden ist etwas dabei: Luxuslodges, die nur mit dem Privatflieger erreichbar sind, werden von Madonna ebenso besucht wie von Prinz William, der seiner Kate hier seinen Heiratsantrag machte. Doch es gibt auch Linienflüge, sogar Billigflieger – und für die kurzen Distanzen Mietwagen, günstige Taxen oder schlicht einen Platz im Matatu, dem stets vollgestopften Massentransportmittel der Kenianer.

Die Kultur der Kenianer ist so vielfältig wie ihr Land, das immerhin anderthalbmal so groß ist wie Deutschland. Die über vierzig Millionen Menschen stammen aus mehr als vierzig Ethnien, jede mit ihrer eigenen Sprache und Geschichte. Doch Kenianer,

1978
Tod Kenyattas, Nachfolger wird Daniel arap Moi

1992
Erste freie Wahl seit 26 Jahren: Präsident Moi bleibt im Amt

1998
Bombenanschlag von Al-Kaida-Terroristen auf US-Botschaft in Nairobi, 224 Menschen sterben

2002
Ende der Ära Moi. Friedliche Machtübergabe an Mwai Kibaki

2004
Umweltschützerin Wangari Maathai erhält als erste Afrikanerin den Friedensnobelpreis; 2011 stirbt sie an Krebs

das sind auch die weißen Nachkommen der ehemaligen Siedler und die Mitglieder der großen indischen Gemeinschaft, die in Kenia lebt. Entsprechend leben Christen, Muslime und Hindus friedlich nebeneinander.

Kenias Geschichte reicht bis ins 9. Jh. zurück, als an der Küste das blühende Handelsreich der Swahili entstand. Mit den Monsunwinden kamen Händler aus Indien und dem nahen und fernen Osten, die fremde Kostbarkeiten gegen Elfenbein und Sklaven tauschten. Viele Geheimnisse der einstigen Hochkultur sind verschollen, seit der Portugiese Vasco da Gama 1498 die europäische Fremdherrschaft begründete. Erst 1963, Kenia war britische Kronkolonie, wurde das Land wieder unabhängig. Im Kalten Krieg blieb Kenia westlich ausgerichtet. Doch unter Gründungspräsident Jomo Kenyatta und seinem Nachfolger Daniel arap Moi wurden Bürgerrechte eingeschränkt, Systemgegner vom Staat gefoltert und ermordet. Als 2002 der Oppositionelle Mwai Kibaki ins Statehouse einzog, wehte ein Wind der Erneuerung durchs Land. Der aber hielt nicht lange an: Bald flogen Korruptionsskandale auf, die zeigten, dass die neue Regierungsmannschaft kaum besser war als die alte. Nach den Wahlen 2007 erlebte das Land seine bislang schlimmsten Unruhen: Politiker heizten die Lage so sehr an, dass bürgerkriegsähnliche Zustände ausbrachen. Mehr als 1100 Menschen starben. Inzwischen regiert eine Große Koalition der ehemaligen Widersacher, die wieder einmal mit Affären von sich reden macht. Die mutmaßlichen Drahtzieher der Unruhen stehen vor dem Internationalen Strafgerichtshof in Den Haag. Doch die Angst vor neuen Unruhen bei kommenden Wahlen ist groß.

Kenias wechselvolle Geschichte

Gefahr für Reisende bedeutet das jedoch kaum. Touristen bekamen von den Unruhen 2007 zumeist nur aus den Zeitungen etwas mit. Ein Problem ist da schon eher die hohe Kriminalitätsrate vor allem in den Städten, wo die Schere zwischen Arm und Reich besonders weit aufgegangen ist. Diebstähle und Überfälle können auch Urlauber treffen: Im Zweifel sollten Sie unbedingt kooperieren, Geld lässt sich ersetzen. Seit Kenia gegen Islamisten in Somalia Krieg führt, besteht zudem eine erhöhte Gefahr von Terroranschlägen, die das Land bereits mehrfach erschüttert haben. Das ist kein Grund zur Panik, dennoch sollten Sie vor einer Reise unbedingt die aktuellen Reisehinweise des Auswärtigen Amts einholen.

2007 Schwere Unruhen nach Präsidentenwahl, mehr als 1100 Tote

2008 Gründung einer Großen Koalition zur Beendigung der Gewalt

2010 Der Internationale Strafgerichtshof in Den Haag lädt sechs mutmaßliche Drahtzieher der Unruhen von 2007 vor, unter ihnen auch Spitzenpolitiker

2011 Kenianische Truppen marschieren im Nachbarland Somalia ein und erklären den dortigen Islamisten den Krieg

Obwohl politisch angeschlagen, ist Kenia ökonomisch immer noch führend in der Region. Kenianische Unternehmen wie Safaricom, Nakumatt oder die Kenya Commercial Bank verzeichnen an Nairobis Börse Rekordgewinne und expandieren in die Nachbarländer. In Kenia und besonders in Nairobi wird gebaut, was das Zeug hält.

Aus einstigen Tagelöhnern sind dank des Handybooms vielerorts Kleinunternehmer geworden. Farmer erkundigen sich per SMS über die Marktpreise, um besser gegen Zwischenhändler zu bestehen. Andere erledigen alle Bankgeschäfte per Handy.

Es tut sich was – ein Land im Umbruch

Mit dem Aufschwung ist eine kenianische Mittelschicht entstanden, die sich zunehmend leisten kann, was früher allein Ausländern vorbehalten war. Immer mehr Kenianer gehen zum Beispiel auf Safari und lernen so erstmals ihr eigenes Land kennen.

Die Massai sind traditionell Rinderzüchter: Viehmarkt in der Massai Mara

Touristen werden schnell feststellen, dass die Bewohner selbst einer der größten Schätze Kenias sind. Mit großer Hilfsbereitschaft und Freundlichkeit werden sie Ihnen zur Seite stehen. Vermutlich wird auch der eine oder andere versuchen, den vermeintlichen Reichtum des Reisenden anzuzapfen: Der Preis für die Flasche Wein, die Sie beim Abendessen öffnen, entspricht für viele Kenianer einem Monatslohn. Die unterschiedlichen Maßstäbe bedeuten aber nicht, dass Sie jedem helfen müssen. Entscheiden Sie selbst, und kommunizieren Sie Ihre Entscheidung höflich, aber deutlich, sodass es keine Missverständnisse gibt. Ansonsten gilt: Lassen Sie sich anstecken von der Offenheit und Herzlichkeit Ihrer Gastgeber, und genießen Sie Ihren Urlaub in einem faszinierenden Land!

IM TREND

1 Auf Wiedersehen

Kunst Die Wellen werfen Flipflops ans Ufer. Die ange-schwemmten Plastiksandalen verwandelt ♻ *UniquEco (z.B. Marula Studios, Marula Lane, Nairobi, Foto)* in einzigartige Kunstwerke, Spiele und Schmuck. Aus abgefahrenen Auto-reifen entstehen bei *Maasai Treads (Spinner's Web, Nairobi)* coole Schuhe. Nicht zum Anziehen, sondern zum Ansehen ist die Recyclekunst von *Kioko Mwitiki (Pimbi Gallery, Mbambane Road, Nairobi)*, der die Elefantenherde nahe dem Flugha-fen aus Altmetall geschaffen hat.

Natürlich Lamu 2

Kleinod Im Süden Lamus steht Entschleunigung an erster Stelle: Die Häuser sind aus Korallenstein gebaut und zeugen vom arabischen Erbe, wie z.B. das entspannte Boutiquehotel *Fatuma's Tower (www. fatumastower.com)*. Das *Madakani House (www.la muretreats.com, Foto)* ist dagegen ein traditionelles Swahelihaus aus dem 18. Jh. Im *Fishtrap House (www. fishtraphouse-lamu.com)* leben Sie wie die lokalen Fischer – mit eigenem Meerzugang und tollem Blick.

Abtauchen

3

Wellness Auch in die Beautybehandlungen der Hightech-Spas fließt das Wissen der Großmütter ein. Und schon die wussten, dass nicht nur Inhaltsstoffe zählen, sondern auch das Drumhe-rum. In den Open-Air-Wannen des *Shaanti Retreat (Dia-ni Beach)* genießen Sie den Sonnenuntergang am Meer, während Algen für die Strandfigur sorgen. Im *Leopard Beach (Diani Beach Road, Ukunda, Foto)* baden Sie dagegen in Pinotage-Wein oder bekommen eine Schlammpackung. Im Open-Air-Spa des *Severin Safari Camp (Kitani)* wirkt die „African Dream"-Massage Wunder – trotz Tiergebrüll im Hintergrund.

Wildes Workout

Aktiver Urlaub Keine halben Sachen heißt es im Land der Wunderläufer. Wer die eigene Marathonzeit verbessern oder einfach etwas für die Fitness tun will, begibt sich in die Hände von Profiläufer Lornah Kiplagat *(www.lornah.com)*. In seinem Höhentrainingszentrum in Iten schwinden Pfunde und wachsen Muskeln. Im Schwimmcamp von *Pro Surf Kenya (Nyali Beach Hotel, Nyali, www.prosurf kenya.com)* wird der Indische Ozean schwimmend erkundet – eine einmalige Erfahrung. Ein echtes Boot Camp ist *Wildfitness (Watamu, www.wildfit ness.com, Foto)*. Dort steht Kajakfahren ebenso auf dem Programm wie Joggen, Boxen, Schwimmen oder Yoga am Strand. Ein Traumurlaub für Fitnessfans und alle, die ihren Körper spielerisch in Bestform bringen wollen! Mehr Informationen zu Läufercamps gibt es unter *www.traininkenya.com*.

Hauptstadt-Blues

Musik Nairobi ist vielen Urlaubern keinen Besuch wert. Schade, denn die Stadt hat eine Musikszene, die sofort in die Füße geht. Dort vermischt sich der eher etablierte Benga-Gitarrensound mit Afrobeat, Elektro und Jazz. Posterboys dieses Fusionsounds sind *Just a Band (www.justa band.bandcamp.com)*. Beim ersten Hinhören irritiert der Sound noch, dann wird es richtig gut. Afrikas Ost- und Westküste und Europa vermengt auch Gogo Simo *(www.gogosimoall.com)* zu einem hörenswerten Gemisch. Um die Musik zu verstehen, sollte man sie live erleben: Eine gute Anlaufstelle für Konzerte ist die umgebaute Lagerhalle *The Go Down Arts Centre (Dunga Road, www.thegodown artscentre.com)*. Dort wird immer etwas geboten.

STICHWORTE

AIDS

Die Immunschwäche ist in Kenia wie fast überall in Afrika ein großes Problem. Experten gehen davon aus, dass fast sieben Prozent aller erwachsenen Kenianer infiziert sind. Unter Risikogruppen ist die Rate viel höher: So wird geschätzt, dass vier von fünf (in Kenia in der Illegalität arbeitenden) Prostituierten infiziert sind. Kondome sind zwar fast überall erhältlich, aber verpönt. Am stärksten breitet sich die Immunschwäche heute aber innerhalb von Ehen und Partnerschaften aus. Die meisten Aidskranken sterben, wenn sie im Berufsleben stehen und eine Familie ernähren müssten. Vor allem auf dem Land übernimmt die Großelterngeneration die Pflege der Aidswaisen, deren Zahl auf über eine halbe Million geschätzt wird.

ARMUT

Obwohl die Wirtschaft in Kenia seit Jahren boomt und sich mehr und mehr eine solide Mittelschicht etabliert, lebt die große Mehrzahl der Kenianer nach wie vor in absoluter Armut. Das Durchschnittseinkommen pro Kopf und Tag beträgt kaum mehr als 4 US-Dollar, viele, vor allem Tagelöhner, verdienen sogar noch deutlich weniger. Die hohe Inflationsrate, die zuletzt im zweistelligen Bereich lag, trifft zudem gerade die Ärmsten: Die Preise für Grundnahrungsmittel und Transport sind explodiert. Weil Familien in den Slums nirgendwo sonst sparen können, hungern sie. Im globalen Entwicklungsindex des UN-Entwicklungsprogramms UNDP belegt Kenia nur Platz 143 von 187.

Bild: Kikuyudorf in den Aberdares

Exotische Vielfalt bei den Menschen und ihren Sprachen – mehr über Kikuyus, eine Nobelpreisträgerin und das Matatu

BEVÖLKERUNG

Kenia ist ein Vielvölkerstaat: Mehr als 40 Ethnien oder Stämme sind von der Regierung offiziell anerkannt. Englisch und Kiswahili sind die offiziellen Amtssprachen, je nach Ethnie sprechen die 40 Mio. Kenianer aber zusätzlich noch eine von mindestens dreißig Sprachen oder Dialekten. Die größte Volksgruppe sind die Kikuyu (16,5 %), deren Stammland das Hochland rund um den Mount Kenya ist. Es folgen die Luhya aus dem Westen (13,5 %), Kalenjin aus dem Rift Valley (12,5 %), die Luo vom Viktoriasee (10 %) und die Kamba aus Kenias Südwesten (9,5 %). Immer mehr Kenianer gerade in den Städten entstammen Mischehen oder wollen sich keinem Stamm zurechnen lassen. Die weltweit berühmteste Ethnie Kenias sind vermutlich die Massai, die bis heute farbenfroh gekleideten Nomaden aus der ostafrikanischen Steppenlandschaft. Im Mittelpunkt des Massailebens steht das Rind: Die Massai glauben, dass ihr Gott Ngai ihnen alle Rinder der Erde zugedacht hat. Doch ihr

Weideland wird immer kleiner, während die Viehherden wachsen. Vielen Massai bleibt nichts anderes übrig, als ihre Traditionen aufzugeben – ein Problem, das sie mit anderen Nomadenvölkern teilen. lopen, Zebras und anderem „Löwenfutter" auf engem Raum macht's möglich. Die nachtaktiven Leoparden sind am schwersten zu finden. In Samburu, wo nur wenige Bäume in der wüstenhaften

Einer der illustren Big Five: der Leopard

BIG FIVE

Die Großen Fünf, englisch *Big Five*, sind die Tiere, die den Großwildjägern von einst viel Gefahr, aber auch viel Ehr versprachen: Büffel, Löwe, Leopard, Elefant und Nashorn. Weil Jäger heute mit der Kamera anstatt mit dem Gewehr unterwegs sind, zählen viele eher den Gepard als den bis zu 800 kg schweren Büffel zu den Großen Fünf. Um sie alle tatsächlich zu Gesicht zu bekommen, braucht man viel Geduld und Zeit. Nashörner sind wegen der anhaltenden Wilderei inzwischen sehr selten geworden; am ehesten sind sie in Nakuru und Tsavo zu sehen. Die Massai Mara ist dagegen eines der am besten einsehbaren Löwenreviere. Die große Zahl an Anti-

Landschaft stehen, sind sie am ehesten zu sehen. Generell sollten Sie den Erfolg einer Safari nicht davon abhängig machen, ob Sie die Großen Fünf erfolgreich „abhaken" konnten – dafür ist die übrige kenianische Tierwelt viel zu spannend und schlicht zu vielfältig.

ICC

Jeder Kenianer kennt den Internationalen Strafgerichtshof in Den Haag, abgekürzt ICC. Dort müssen sich zzt. sechs Verantwortliche der politischen Unruhen verantworten, die das Land nach den Wahlen Ende 2007 erschüttert haben. Mehr als 1100 Menschen starben, als Führer beider politischer Parteien sich gegenseitig Wahlfälschung vorwarfen.

Den mutmaßlichen Rädelsführern wird zur Last gelegt, die Ausschreitungen von langer Hand geplant und schon im Wahlkampf Angehörige unterschiedlicher Ethnien gegeneinander aufgehetzt zu haben. Die Unruhen, die erst nach einem Vierteljahr mit der Bildung einer Großen Koalition zu Ende gingen, haben das Land zerrissen und in Angst versetzt. Viele befürchten, dass sich die Gewalt im Umfeld kommender Wahlen wiederholen könnte. Dass zwei mögliche Präsidentschaftskandidaten vom ICC angeklagt wurden, registrieren viele einfache Kenianer deshalb mit Erleichterung und Genugtuung: Endlich tut jemand etwas gegen die ansonsten allmächtige politische Klasse.

KENYA WILDLIFE SERVICE (KWS)

Sie schützen in den Nationalparks die Menschen vor den Tieren – und die Tiere vor den Menschen: Die grün uniformierten Ranger des *Kenya Wildlife Service (KWS)* sind die Männer und Frauen, die Wege instand halten, Gebühren kassieren und auch Wilderer verfolgen, die es in Kenia vor allem auf Elfenbein und Nashornhörner abgesehen haben. Die Zentrale der staatlichen Organisation liegt gleich am Nairobi-Nationalpark. Wer auf eigene Faust Nationalparks besuchen will, sollte hier vorbeischauen, um eine *Safari Card* zu erwerben, auf die elektronisch Geld für die Parkgebühren geladen wird. Damit soll die früher verbreitete Korruption bekämpft werden; an vielen Gates ist Barzahlung inzwischen nicht mehr möglich.

KORRUPTION

Korruption ist ein fester Bestandteil des kenianischen Alltags. Schlagzeilen machen aber meist nur die spektakulären Fälle der Großkorruption, die vor allem Politiker nutzen, um Staatsgelder zu veruntreuen. So flog 2010 der „Maisskandal" auf, in dem der Landwirtschaftsminister für Notleidende bestimmte Maisrationen mit Millionengewinn verkauft haben soll. Nur Tage später wurde bekannt, dass ebenfalls Millionen an Hilfsgeldern veruntreut wurden, die für die Förderung der Grundschulen im Land bestimmt waren. Und nicht einmal vor den Toten machen korrupte Politiker halt: Der Kauf des dringend benötigten neuen Friedhofs wurde auf Eis gelegt, weil einige Beamte und Minister kräftig mitverdienen wollten. Verhandelt werden solche Fälle vor Gericht nie, schließlich gilt auch die Justiz selbst als hochgradig korrupt. So weit verbreitet ist die Korruption, dass der von Präsident Mwai Kibaki eingesetzte Anti-Korruptions-Beauftragte John Githongo nach einigen Jahren im Amt aus Angst um sein Leben ins Ausland fliehen musste. Den Alltag erschwert Kenianern die verbreitete Kleinkorruption. Polizisten, Beamte, Lehrer: Alle wollen *tea,* ein bisschen Extra, um ihre Arbeit zu erledigen. Selbst wenn man Sie offen danach fragt: Als Tourist sollten Sie niemals ein Bestechungsgeld zahlen, erst recht nicht von sich aus anbieten. Stellen Sie sich im Zweifel lieber dumm.

MAATHAI

Kenias wohl berühmteste Bürgerrechtlerin Wangari Maathai starb 2011 an den Folgen eines Krebsleidens. Jahrelang setzte sie sich während der Moi-Diktatur für die Natur und den Umweltschutz und damit auch für den Schutz der Ärmsten ein. Ihr *Green Belt Movement* war gleichermaßen Umwelt- und Sozialbewegung, die Millionen Bäume im ganzen Land gepflanzt hat und gegen den Diebstahl öffentlichen Landes kämpfte. Maathai wurde mehrfach inhaftiert und misshandelt, gab aber nicht auf. Für ihr Lebenswerk wurde sie 2004 als erste afrikanische Frau mit dem Friedensnobelpreis ausgezeichnet.

MATATU

Sie sind das Transportmittel des kleinen Mannes und selbst der Mittelschicht: die Kleinbusse, die an der Außenwand ein gelber Strich und die Route zieren und die auch noch die entlegensten Winkel des Landes erschließen. Meistens hört man die Matatus lange, bevor man sie sieht: Aus der geöffneten Tür hängt der *tout* genannte Kassierer, der durch permanentes Rufen Fahrgäste in sein Matatu locken will. Matatus sind lange nicht mehr so klapprig, wie ihnen nachgesagt wird, auch wenn Bemühungen, die Gefährte wirklich sicher zu machen, weitgehend gescheitert sind. Theoretisch sollte jeder Mitfahrer einen eigenen Platz mit Sicherheitsgurt haben; vor

allem auf dem Land ist das aber selten der Fall. Dazu kommt, dass die Fahrer rücksichtslos rasen und sich auch an den unmöglichsten Stellen durchdrängeln – je schneller sie die Route zurücklegen, desto mehr Geld verdienen sie nämlich. An den fast täglich vorkommenden tödlichen Unfällen ist deshalb meist zumindest ein Matatu beteiligt.

RELIGION

Glaube ist in Kenia eine ernste Angelegenheit: Dass es Menschen gibt, die an gar nichts glauben – wie es in Europa ja häufig vorkommt –, versteht kaum jemand hier. Gut zehn Prozent der Kenianer sind Muslime, die meisten von ihnen leben an der Küste oder im Norden des Landes. Achtzig Prozent haben sich in der Volkszählung von 2009 als Christen bezeichnet, wobei evangelikale Kirchen (sogenannte Pfingstkirchen) die am stärksten wachsende Anhängerzahl ha-

Matatus warten in Mombasa auf Passagiere

ben. Nur knapp über zwanzig Prozent der Kenianer sind Katholiken. Die Mehrheit der indischstämmigen Minderheit sind Hindus, und knapp 15 Prozent der Kenianer geben an, Naturreligionen zu folgen – viele von ihnen sind zugleich Mitglied einer christlichen Kirche (deswegen ergibt sich durch Doppelnennungen eine Gesamtsumme von über 100 Prozent). Egal, welcher Kirche man angehört: Der Sonntag ist für den Gottesdienst reserviert, der gerade für die armen Bevölkerungsschichten auch das größte soziale Event der Woche ist. Der Gottesdienst kann mehrere Stunden dauern, gefolgt von einem fröhlichen Zusammensein, das bis zum Sonnenuntergang anhält.

SAFARI

Auf Kiswahili bedeutet Safari schlicht „Reise" – wundern Sie sich deshalb nicht, wenn Ihnen beim Auschecken aus einem Hotel *Safari njema,* „gute Reise", gewünscht wird. Doch gerade in Kenia bedeutet Safari natürlich längst viel mehr: Für viele Urlauber ist sie schlicht die Erfüllung eines Traums. Nächte unter dem funkelnden Sternenhimmel, wilde Tiere, unbekannte Geräusche und exotische Gerüche mitten in der Wildnis, deren Vielfalt man auf die Game Drive genannten Pirschfahrten entdecken kann. Wer nach Kenia kommt, sollte mindestens eine Safari unternehmen. Wer die Tierwelt in ihrer ganzen Pracht beobachten will, muss allerdings früh aufstehen: Noch vor dem Sonnenaufgang werden Sie geweckt, meist mit einem Kaffee und einem Keks. Dann geht es im Geländewagen los. Ein Schimmern von Sonnenstrahlen am Horizont reicht, und die nächtliche Stille ist plötzlich vorbei. Vögel zwitschern, Affen rufen, und die Savanne erwacht zum Leben. Löwen gähnen dem neuen Tag entgegen, Antilopen und Giraffen beginnen ihre täglichen Wanderungen, und Leoparden kehren von der nächtlichen Jagd in den Schutz eines Baums zurück. Wenn nach ein paar Stunden die Sonne hoch am Himmel steht und die Tiere im Dickicht Schutz vor der Hitze suchen, geht es zum Frühstück und zu einer Siesta zurück ins Camp. Der nächste Game Drive lohnt erst wieder am Nachmittag, wenn es kühler wird – dann ist man bis zur Dämmerung unterwegs. Hobbyfotografen können sich freuen, denn während das äquatoriale Tageslicht die Bilder flach und kontrastarm macht, verschaffen Morgen- und Abendlicht den Landschaften und der Tierwelt eine wunderschöne Stimmung.

SOMALIA

Seit 1991 hat Kenias Nachbarstaat im Nordosten keine funktionierende Regierung mehr. Während früher das Prinzip der Nichteinmischung galt, ist Kenias Armee 2011 erstmals in Somalia einmarschiert. Sie unterstützt damit die international anerkannte Übergangsregierung, die gegen die radikalislamische Shabaab-Miliz und andere militante Gruppen nahezu hilflos ist. In Kenias Städten gilt seitdem erhöhte Wachsamkeit, um angedrohte Terrorakte der Shabaab zu vereiteln. Die Folgen des staatlichen Zerfalls des Nachbarlands spürt Kenia allerdings schon seit Langem: Mehr als eine Million Flüchtlinge aus Somalia, so wird geschätzt, leben heute in Kenia. Eastleigh, ein Stadtteil von Nairobi, wird gleichermaßen liebevoll wie ängstlich schon *Little Mogadishu* genannt, weil er praktisch von Somalis kontrolliert wird. Weitere Hunderttausende Flüchtlinge leben in den Lagern Dadaab und Kakuma im Norden des Landes. Viele Somalis haben zudem Clanverwandtschaften, die über die von den Kolonialisten willkürlich gezogene Grenze in den Nordosten Kenias reichen.

ESSEN & TRINKEN

Vegetarier haben es in Kenia nicht leicht: Nichts lieben Kenianer im Binnenland mehr als Fleisch, das Nationalgericht heißt schlicht *Nyama choma* – geröstetes Fleisch, meist von Rind, Hammel oder Ziege (Letzteres wird von Kenianern bevorzugt).

An der Küste gehören Fisch und Meeresfrüchte zum festen Speiseplan, dazu gibt es Reis, der traditionell in Kokosmilch gekocht und mit Koriander gewürzt wird. *Pilau*, ein Reiseintopf mit Zimt, Kardamom und Fleischstücken, ist dort ebenfalls beliebt. Hummer ist eine Spezialität auf Lamu, wobei es sich eigentlich um eine Langustenart handelt, die dem Hummer aber sehr ähnelt. Krebse und Krabben sind ebenfalls wohlschmeckend. Zu den beliebtesten Fischen gehören der Rote Schnapper *(red snapper)* aus dem Indischen Ozean und Tilapia aus dem Viktoriasee. Fleisch ist von erstklassiger Qualität, das Steak sollte aus hygienischen Gründen aber dennoch eher durchgebraten *(well done)* als medium bestellt werden.

Vegetarier halten sich am besten an die indischen Restaurants, von denen es dank der großen Minderheit im Land sehr viele gibt. Auf den Karten stehen vegetarische *Massalas* (Currys) ebenso wie *Paneer* (ein vielfältig zubereiteter, gekochter Käse) und *Dal* (Linseneintopf). Dazu werden Reis oder die *Nan* oder *Roti* genannten Fladenbrote serviert. Natürlich ist die indische Küche nicht auf Gemüsegerichte beschränkt: Hühnchen, Fisch und Fleisch gibt es ebenso.

Bild: Fisch in Kokos-Koriander-Sauce

Saftige Steaks von bester Qualität und an der Küste köstliches Meeresgetier jeder Art, frisch aus dem Indischen Ozean

Während Salat quasi unbekannt ist, ist das Angebot an frischem Obst schier endlos. Mit der Ware, die auf dem Weg im Schiff oder im Flugzeug nach Europa praktisch jedes Aroma verloren hat, sind Kenias Früchte nicht vergleichbar. Was hier verkauft wird, kommt frisch vom Baum und ist dort bis zur letzten Minute gereift: Passionsfrucht, deren Schale möglichst schwarz und zerknittert aussehen sollte und die dann ausgelöffelt wird; Mango in diversen Sorten (besonders wohlschmeckend: die etwas säuerliche Applemango); die kleinen, besonders süßen afrikanischen Bananen; die frische Papaya, die am besten mit einem Spritzer Zitronensaft genossen wird. Ananas sind aromatischer und nicht so zuckersüß wie die in Deutschland erhältlichen Exemplare, die meist aus Westafrika stammen. Einmalig für Afrika: In Kenia gibt es sogar einheimische Äpfel, weil die Temperaturen im Hochland tief genug sinken. Etwas anders genießen Kenianer die meist grün geernteten Orangen: Anstatt sie zu schälen, werden

SPEZIALITÄTEN

▶ **Kachumbari** – Wenn Kenianer „scharf" sagen, dann meinen sie auch scharf – vor allem bei dieser Sauce, die gern zu Fleisch- oder Fischgerichten gereicht wird

▶ **Matoke** – Brei aus Kochbananen, der vor allem im Westen Kenias gegessen wird (Foto re.). Kochbananen gibt es (sehr wohlschmeckend) auch in Scheiben geschnitten und frittiert als *Banana Chips* – eine gute Alternative

▶ **Nyama Choma** – Kenias Nationalgericht heißt übersetzt „geröstetes Fleisch", und genau das ist es auch. Für Touristen wird Rindfleisch geröstet, Kenianer bevorzugen Ziege *(mbusi)*, Hammel oder Hühnchen. Außer frischem Meersalz wird zum Nyama Choma *Ugali* (s. u.) genossen

▶ **Piri Piri** – Häufig fragt der Kellner, ob Sie Piri Piri mögen. Wenn Sie ja sagen, müssen Sie damit rechnen, dass Ihr Gericht wirklich scharf daherkommt – so mögen es Kenianer. Alternativ werden Ihnen frische oder eingelegte Chilischoten zum Nachschärfen an den Tisch gebracht

▶ **Samosas** – Frittierte Teigtaschen, gefüllt mit Fleisch oder Gemüse. Gerade an der Küste sind sie als Snack weit verbreitet und – zumindest, wenn sie frisch sind – auch äußerst lecker (Foto li.)

▶ **Sukuma Wiki** – Sukuma ist eine Art Mangold, der – je nach Möglichkeit – mit Tomaten, Chili und Fleischstückchen serviert wird. Ursprünglich galt er als Arme-Leute-Essen: Wer sich zum Monatsende nichts anderes mehr leisten konnte, griff notgedrungen zu Sukuma (wörtlich „Zieh die Woche hin")

▶ **Swahili-Fisch** – An der Küste erhältliches Fischgericht, bei dem der Fisch (meistens Schnapper) gebraten und mit einer Marinade aus Kokosmilch, Ingwer und Zitronensaft gewürzt wird. Dazu gibt es den ebenfalls in Kokosmilch gekochten Swahilireis

▶ **Ugali** – Der geschmacksneutrale Brei aus (weißem) Maismehl ist das Hauptnahrungsmittel der meisten Kenianer. Das fein gemahlene Mehl wird in kochendes Wasser gerührt, bis es pappig ist. Mit der Hand wird Ugali dann genutzt, um die Beilagen (je nach Vermögen Fleisch, Fisch oder Gemüse) aufzunehmen. Auch wenn der Brei gewöhnungsbedürftig ist: Probieren Sie ihn mindestens einmal; inzwischen wird Ugali selbst in den meisten Touristenhotels angeboten

die Zitrusfrüchte in Achtel geteilt und ausgezutzelt.

Ein Satz zur Hygiene: Generell gilt die Regel „Koch es, schäl es oder vergiss es!" Rohkost oder in Touristenhotels manchmal erhältliche Salate bergen das größte Risiko, Bakterien zu übertragen, die den Magen und damit den Urlaub verderben können.

Der Tag beginnt für die meisten Kenianer mit einem *Chai,* dem in Milch aufgekochten, starken Tee mit so viel Zucker wie möglich. Dazu gibt es *Mandazi* (eine Art Krapfen) oder *Chapati,* dünne, sehr wohlschmeckende Teigfladen. Wer es sich leisten kann, der frühstückt wie einst die britischen Kolonialherren: Ei, Speck, Würstchen und Baked Beans gehören zu den Standards, dazu gibt es Toast, der stilecht nicht mit Butter, sondern mit *Blue Band* (einer speziell für die Tropen erfundenen Margarine) bestrichen wird. „Deutsches" Brot ist selten und gibt es allenfalls bei speziellen Bäckern in Nairobi oder Mombasa. Für die Kenianer gilt: je weicher ein Brot, desto besser.

In den vergangenen Jahren hat sich Kaffee in Kenia zu einem Lifestylegetränk entwickelt. In Nairobi gibt es zahllose Kaffeebars, in denen Latte macchiato noch zu den gewöhnlichsten Kreationen zählt. Unter den jungen, hippen Kenianern hat der einst ungeliebte Kaffee das Traditionsgetränk Tee abgelöst. Anders auf dem Land und an der Küste: Wer auf seine tägliche Ration Kaffee nicht verzichten kann, sollte sich auf das Schlimmste gefasst machen und für Notfälle ein Päckchen Instantkaffee (gut ist die kenianische Marke *Dormans*) einpacken.

Das mit Abstand beliebteste Getränk der Kenianer ist indes Bier. *Tusker* und das etwas stärkere *Tusker Malt* sind die beliebtesten Marken, auch *Whitecap, Pilsner* und das billigere *Senator* sind überall im Land zu haben – in britischer Tradition

warm. Wer ein kaltes Bier möchte, sollte auf Swahili *baridi* hinzufügen. In Nairobi bekommt man außerdem das besonders wohlschmeckende *Sierra* (blond, rotblond oder dunkel), ein nach deutschem Reinheitsgebot gebrautes Bier. Wein er-

Bei der Herstellung von Ugali helfen alle mit

freut sich zunehmender Beliebtheit und kommt im Regelfall aus Südafrika. Kenianischer Weißwein aus Naivasha und die Mara-Weine (rote und weiße Verschnitte aus südafrikanischer Ernte) sind trinkbar, mehr aber nicht.

Eine besondere Spezialität an der Küste sind die **INSIDER TIPP** jungen, grünen Kokosnüsse, die im Gegensatz zu den in Europa erhältlichen braunen viel köstliches Fruchtwasser (Kokosmilch) enthalten. Nach dem Trinken schabt der Verkäufer das weiche Fruchtfleisch mit einem Stück der Kokosnuss so geschickt heraus, dass man es bequem essen kann. Der perfekte Snack! Auch geröstete Cashewnüsse bieten Straßenhändler überall an der Küste an.

EINKAUFEN

An Souvenirs kommen Sie in Kenia nicht vorbei. Ob Praktisches oder Schönes, Traditionelles oder Modernes: Auf Kenias Märkten und in den Souvenirläden *(Öffnungszeiten Mo–Fr 10–18, Sa 10–14 Uhr)* ist für jeden etwas dabei. Anders als in den Läden müssen Sie auf Märkten und bei Straßenhändlern um den Preis feilschen. Das Startangebot ist oft vier- oder mehrfach höher als die Summe, auf die man sich zum Schluss einigt. Nennen Sie als Antwort aufs erste Gebot einen viel zu niedrigen Preis, und langsam werden Sie sich aufeinander zubewegen. Achtung: Wenn Sie einem Preis einmal zustimmen, ist der Handel abgeschlossen, nachverhandeln gilt nicht. Zahlen Sie für einen Gegenstand niemals mehr, als er Ihnen wert ist, dann können Sie mit dem Handel auf jeden Fall zufrieden sein.

Verboten ist die Ausfuhr von tierischen Produkten, dazu gehören Korallen und große Schnecken oder Muscheln. Lassen Sie sich nicht zum Kauf überreden, mit dem Beschaffen dieser „Souvenirs" zerstören Händler gnadenlos die Natur.

GLAS

Schöner kann man leere Bier- und Weinflaschen nicht recyceln: Bei **INSIDER TIPP** *Kitengela* gibt es Gläser, Krüge, Windspiele, Skulpturen, Mosaike und vieles mehr aus Glas, das aus eingeschmolzenen Glasabfällen frisch geblasen worden ist. „Buschglas" nennt die deutsch-kenianische Künstlerin Nani Croze diese Produkte: Alles ist absichtlich ein bisschen krumm und schief, kein Produkt wie das andere. Besuchen Sie die Künstlerin auf dem phantasievoll gestalteten Gelände am Stadtrand von Nairobi *(Mo–Sa 8–17, So 11–16 Uhr | Magadi Road | Kitengela | www.kitengela-glass.com).* Verkauf auch im *Village Market (Gigiri)* und im *Rustique Café (General Mathenge Road | Westlands);* alles wird auf Wunsch flugtauglich verpackt.

KUNSTHANDWERK

Bunt und typisch kenianisch sind die Hals- und Armbänder, die Massai aus bunten Perlen und Knöpfen fertigen. Aus Sisal geflochtene Körbe, *Kiondos,* sind schön und praktisch zugleich. Schnitzereien sind überall zu finden: aus Holz, das oft schwarz gefärbt wird, um es wie seltenes Ebenholz aussehen zu lassen, oder aus Speckstein. Tiermotive sind beliebt; ebenso gibt es Schalen, Kopfstützen, Kistchen und andere Gebrauchsgegenstän-

Kiondos, Kangas & Co: Schnitzereien und Schmuck, Tücher und Gebrauchsgegenstände – kunstvoll und originell

de. Kenianisch und besonders beliebt sind die ein Meter hohen Giraffen aus Holz, die entgegen allen Beteuerungen nicht als Handgepäck zugelassen sind! Aus Draht geflochtenes Spielzeug (Autos, Flugzeuge und mehr), eine Idee aus Westafrika, bekommen Sie auf der Straße oder in der *Banana Box (Sarit Centre | Westlands)*.

MODE & SCHMUCK

Bunt bedruckte und bestickte, qualitativ hochwertige T-Shirts gibt es bei *Oneway (in Nairobi im Sarit Centre | Westlands; Village Market | Gigiri; Yaya-Centre | Milimani)* – auf Wunsch auch aus 🌿 Öko-Baumwolle. Besonders beliebt: **INSIDER TIPP** T-Shirts mit dem Logo von Kenias berühmtester Biermarke *Tusker*. Außerdem im Angebot: Handtücher, Bademäntel, Rucksäcke und Kulturbeutel aus dem dick gewebten und bunt gestreiften, von der Küste stammenden Kikoy-Stoff. Kanga-Tücher, versehen mit einem auf Swahili verfassten Spruch, sind vielseitig verwendbare Mitbringsel. Meist luftige Sommermode von Kenias auch international erfolgreichen Modeschöpfern gibt es bei *Kooroo (im Café Rustique | General Mathenge Drive | Westlands)*. Den passenden 🌿 Schmuck designt die aus Deutschland ausgewanderte **INSIDER TIPP** *Marie-Rose Iberl (Maro Design | Tel. 0733 73 64 45)*, die in ihren Ketten und Ohrringen aus Naturmaterialien geschickt Tradition und Moderne zusammenbringt.

MUSIK

Kenias Musikszene boomt: Nicht nur lokaler Rap und Jazz, auch der lokale Bongo Flava und hörbarer Pop werden mittlerweile auf CD gepresst. Die größte Auswahl gibt es in den Mediastores, in Nairobi im *Westgate (Westlands)* und in der *Junction (Ngong Road)*. Zu den großen Stars gehört Popsänger und Musicalkomponist Eric Wainaina.

DIE PERFEKTE ROUTE

GLITZERNDE WELLEN, GOLDENE STRÄNDE

Erleben Sie Kenias unglaubliche Vielfalt bei einer Reise mit dem Leihwagen oder mit Bussen vom Indischen Ozean zum Viktoriasee, ins Hochland und weiter in den dürren Norden. Starten Sie an Kenias Traumstrand **1** *Diani Beach* → S. 49. Im Schatten der Palmen kann man sich akklimatisieren. Tauchtouren am Riff stimmen auf die farbenfrohe Tierwelt ein. Zu einem Abstecher in die nahen **2** *Shimba Hills* → S. 50 locken die letzten Säbelantilopen und die angenehme Kühle des Küstenregenwalds. Das imposante Fort Jesus und andere Zeugen der Geschichte können Sie in **3** *Mombasa* → S. 40 bestaunen.

GRÜNE BERGE, ROTES LAND

Landeinwärts färbt sich die Erde rot. In der heißen Ebene zwischen Küste und Hochland erstreckt sich der größte Nationalpark des Landes, der **4** *Tsavo* → S. 55, berühmt für seine „roten" Elefanten und die Löwen ohne Mähne. Die Kette der **5** *Chyulu Hills* → S. 59 beeindruckt mit bizarren Formen und Höhlen. Eine grüne Oase in der trockenen Landschaft ist der **6** *Amboseli National Park* → S. 52, in dem Elefantenherden im Schatten vom majestätischen **7** *Kilimandscharo* → S. 53, Afrikas höchstem Berg, durch die Savanne ziehen.

VON NAIROBI ZUM VIKTORIASEE

Die Hauptstadt **8** *Nairobi* → S. 60 (Foto li.) ist Kenias pulsierendes Herz, eine internationale Metropole mit afrikanischem Charme. Hier gibt es Speisen aus aller Welt, Museen und Kultur, koloniale Bauten und moderne Kunst. Nur eine Autostunde entfernt fällt das Hochland steil ins Rift Valley, Afrikas großen Grabenbruch, ab – der Ausblick ist atemberaubend. In der Tiefebene liegt Kenias meistbesuchtes Reservat, die **9** *Massai Mara* → S. 79: Nirgendwo sonst ist auf so engem Raum eine solche Vielfalt an Wildtieren zu sehen wie hier. Über Nebenstraßen geht es durch die fruchtbare, dicht besiedelte Kulturlandschaft Westkenias nach **10** *Kisumu* → S. 72 am Viktoriasee. Fischer in ihren bunt bemalten Segelbooten fahren von hier auf den See hinaus. Landeinwärts lockt der **11** *Kakamega National Park* → S. 74, Kenias letztes Stück Regenwald, in dem Affen und farbenfrohe Schmetterlinge leben. Auf der Hauptstraße führt der Weg nach Osten zum **12** *Lake Nakuru National Park* → S. 78, der mit Nashörnern und Hunderten von Vogelarten punktet.

Erleben Sie die vielfältigen Facetten Kenias vom Indischen Ozean über Nairobi bis in den trockenen hohen Norden

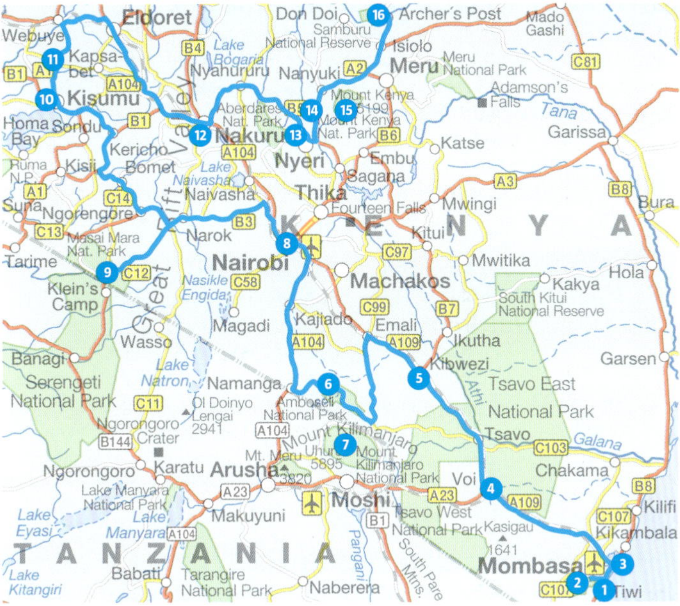

RUND UM KENIAS HEILIGEN BERG

Die Straße in Kenias Hochland führt von Nakuru durch die 13 ***Aberdares*** **→ S. 82**, einen verwunschenen Wald, der als Nationalpark geschützt ist. Die sich anschließende weite Ebene von 14 ***Laikipia*** **→ S. 84** ist das Heim vieler Farmer, die Besucher in ihren privaten Wildreservaten willkommen heißen. Mittendrin, nur wenige Kilometer vom Äquator entfernt, erhebt sich der heilige Berg der Kikuyu, der 5199 m hohe 15 ***Mount Kenya*** **→ S. 88** mit seinem schneebedeckten Gipfel. Weiter nördlich weicht das Grün der Felder dem bleichen Sand, der die trockene Steppe im Norden Kenias bedeckt. Zwischen Dornbüschen und meist trockenen Flussläufen präsentiert sich im 16 ***Samburu National Park*** **→ S. 89** (Foto u.) und im angrenzenden *Shaba National Park* eine einzigartige Tierwelt, die es nirgendwo sonst in Kenia zu sehen gibt.

2300 km. Reine Fahrzeit: sieben Tage. Empfohlene Reisedauer: drei Wochen Detaillierter Routenverlauf auf dem hinteren Umschlag, im Reiseatlas sowie in der Faltkarte

DIE KÜSTE

400 km Traumstrand: So weit reicht Kenias Küste vom Lamu-Archipel im Norden bis zur tansanischen Grenze im Süden. An den meisten Stellen flacht der Strand nur ganz seicht zum Meer hin ab bis zu den Korallenriffen, an denen auch Anfänger mit dem Schnorchel eine bunte Tierwelt erforschen können. Im Hinterland, wo früher dichter Regenwald stand, wachsen heute Baobabs, die knorrigen Affenbrotbäume, Ananas, Kokospalmen und Sisal. Durch die Äste schwingen sich Colobusaffen.

Kenias Küste gehört zu den beliebtesten Urlaubszielen des Landes. Hochsaison sind die Monate Dezember und Januar sowie Juli und August. In der Regenzeit, vor allem im April/Mai, haben viele Hotels geschlossen. Taucher müssen in dieser Zeit mit schlechten Sichtverhältnissen rechnen, auch wenn es meist erst ab dem späten Nachmittag regnet. Generell gilt: Hotels der Touristenklasse sind mit allem Komfort ausgestattet, den Urlauber aus Europa kennen. Auf der Speisekarte steht meist ausgezeichnetes Essen, vor allem Fisch und Meeresfrüchte, die erst Stunden zuvor von Fischern aus dem Meer gezogen wurden. Wer nicht die ganze Zeit am Strand liegen will, hat die volle Auswahl: Golf steht ebenso im Angebot wie Tennis, Bootsfahrten, Hochseeangeln und natürlich Wellness in allen Facetten. Wofür auch immer Sie sich entscheiden, nehmen Sie sich Zeit. Nicht umsonst lautet das Lebensmotto an der Küste „pole pole": Lass es langsam angehen!

Sonne, Palmen und einsame Inseln, weite Strände und leuchtendes Meer: An Kenias Stränden werden Träume wahr

LAMU-ARCHIPEL

(135 D4–5) *(PD P9)* ⭐ **Im äußersten Nordosten Kenias liegt verträumt ein Inselparadies. Lamu, die touristisch erschlossenste Insel des Archipels, ist geprägt vom Islam, einer jahrtausendealten Geschichte und Traditionen.**

Männer tragen hier den traditionellen Kanzu, das weite, weiße Gewand; die Frauen sind schwarz verschleiert. Auf der Insel gibt es nur ein (Polizei-)Auto, die Menschen bewegen sich zu Fuß fort und laden ihre Lasten auf Esel. Den Geburtstag des Propheten Mohammed feiern die Muslime auf der Insel alljährlich mit großen Prozessionen, zu denen Tausende Glaubensbrüder aus der ganzen Welt angereist kommen.

Einst war Lamu einer der reichsten Handelsposten der ganzen Küste, vor allem im 19. Jh., als das omanische Herrscherhaus die Insel kontrollierte und von hier

LAMU-ARCHIPEL

Elfenbein und Sklaven nach Arabien verschiffte. Die alte Steinstadt Lamus ist seit 1987 Unesco-Weltkulturerbe und steht unter Schutz. Für die Bewohner selbst bringt das allerdings Probleme mit sich,

DONKEY SANCTUARY
Im Esel-Tierheim kümmern sich Tierschützer um die alten, kranken und

Der Alltag von Lamu Town (Stone Town) ist islamisch geprägt

denn die erforderlichen Renovierungen können sie sich oft nicht leisten. So kaufen immer mehr Expats und Ausländer ihre Häuser auf. Noch ist der Charme Lamus aber ungebrochen. Das könnte sich ändern, wenn die Regierung trotz vehementer Proteste daran festhalten sollte, vor Lamu einen Tiefwasserhafen zu bauen.

Auf Lamu und Manda sind in jüngster Zeit mehrmals Touristen entführt worden. Die kenianischen Behörden gehen davon aus, dass es sich bei den Tätern um Islamisten aus dem nahen Somalia handelte. Seit dem Einmarsch kenianischer Truppen in Somalia (2011) haben sich jedoch keine Entführungen mehr ereignet. Vor einer Reise nach Lamu ist es ratsam, sich auf den Seiten des Auswärtigen Amts über aktuelle Reisewarnungen zu informieren.

misshandelten der rund 3000 Esel, die auf Lamu leben. *Tgl. 9–13 Uhr | Spenden erwünscht | am nördlichen Ende von Lamu Town*

LAMU TOWN (STONE TOWN)
In den engen Gassen zwischen den weiß gekalkten Häusern und dem Strand, wo jeden Morgen nach dem Gebet die Fischer in ihren Dhows ablegen, scheint die Zeit stehen geblieben zu sein. Trotzdem ist *Lamu Town,* auch *Stone Town* genannt, das traditionelle Zentrum Lamus. Die engen Steingassen bieten selbst mitten am Tag Schutz vor der heißen Sonne. Im Zentrum steht das *Alte Fort* von 1809, das wegen seiner schweren Mauern schon von den Briten als Gefängnis genutzt wurde (fotografieren verboten!). In den sich anschließenden Gassen lohnt es sich besonders, die kunstvoll geschnitz-

ten Türen zu betrachten, für die die Insel berühmt ist. Auch Balkone und Fenster sind oft auf diese Weise prächtig dekoriert. Über Mittag schließen die meisten der kleinen Geschäfte, in denen Handwerker bis heute ihren Gewerken nachgehen. Ab dem Nachmittag versammeln sich Bewohner und Besucher gleichermaßen am Pier, um eine kühle Brise und Kaltgetränke zu genießen.

Einen guten Überblick über die Geschichte der Insel vermittelt das *Lamu Museum (tgl. 8–18 Uhr | Eintritt ca. 5 Euro)* in einem zweistöckigen Swahilihaus gleich neben dem Anleger. Vom ☀ Dach kann man die Altstadt überblicken.

SHELA

Gut eine halbe Stunde Fußmarsch (nur bei Ebbe) oder eine zehnminütige Fahrt mit dem Boot-Sammeltaxi von Lamu Town entfernt liegt Shela, ein ruhiges Fischerdorf, das rund um die Freitagsmoschee, die älteste Moschee der Insel von 1829, erbaut wurde. Hier hat die Zahl der Unterkünfte in den vergangenen Jahren deutlich zugenommen. Von Shela aus ist es nicht weit zum Strand, der allerdings keinen Schatten bietet – ein Sonnenbad empfiehlt sich deshalb nur außerhalb der prallen Mittagshitze.

ESSEN & TRINKEN

INSIDER TIPP ▶ HAPA HAPA

Höchst relaxte Lamu-Institution mit frischem Fisch und Hummer (Lamu-Hummer ist eine Langustenart) zu günstigen Preisen. Die große Auswahl von Fruchtsäften (Empfehlung: *Tamarind-Passion*) ist einmalig. *Lamu Town | Waterfront | €*

PETLEY'S INN

Einziges „Wasserloch" in Lamu Town, wo sonst kein Alkohol ausgeschenkt wird. Wenn die Sonne untergeht, ist die Terrasse deshalb stets gut gefüllt. *Lamu Town | Waterfront | €€*

WHISPERS

Wer Lust auf einen echten Kaffee oder auf ein Eis hat, der ist im begrünten Hinterhof des Cafés richtig. Dazu gibt es selbst gebackenen Kuchen, frisch gepresste Säfte und Mittagessen (Swahili-Küche). Zum Anwesen gehört ein gehobener Souvenirladen, die *Gallery Baraka*, die auf jeden Fall einen Besuch lohnt. *Lamu Town | Harambee Avenue | €€*

MARCO POLO HIGHLIGHTS

⭐ **Diani Beach**
Kenias Traumstrand, ideal für Schnorchler, Sonnenanbeter und Familien → S. 49

⭐ **Lamu-Archipel**
Vergessenes Inselparadies: Hier scheint die Zeit stehengeblieben zu sein → S. 33

⭐ **Dhow-Fahrten**
Traumschiff auf kenianisch: eine Fahrt im traditionellen Segelboot der Swahili vor Lamu → S. 36

⭐ **Gedi National Monument**
Geheimnisvolle Ruinen aus dem 13. Jh. → S. 38

⭐ **Watamu**
Anglerträume werden wahr: Schon Hemingway ging in Watamu fischen → S. 39

⭐ **Tamarind**
Die frischesten Meeresfrüchte im ganzen Land, Panoramablick über den alten Hafen inklusive → S. 42

FREIZEIT & SPORT

DHOW-FAHRTEN ★ ●

Jedes Hotel auf Lamu kann einen Kapitän vermitteln, der Sie auf große Fahrt um die Insel mitnimmt – ein einmaliges Erlebnis. Die Dhow ist ein besonderes Boot: Ihr Segel ist an nur einem Quermast befestigt. Bläst der Wind ordentlich ins Segel, muss der Bootsmann auf einem über Bord liegenden Brett Gegengewicht geben. Bei starkem Wind sind auch die Passagiere gefragt. Trinkwasser, Sonnencreme und Hut mitnehmen! Zu den angebotenen Touren gehören Fahrten in die Creeks von *Manda* mit anschließendem Fischbarbecue am Strand oder eine Fahrt zu den Ruinen von *Takwa,* die allerdings nur erreichbar sind, wenn die Gezeiten stimmen.

INSEL-RUNDTOUR

Wer einen Tag Zeit hat, sollte unbedingt eine Inselrundtour mit der Dhow ausprobieren. An Shela vorbei geht die Fahrt bis zum Riff, wo man tauchen kann. An dieser Stelle ist das Meer meist besonders aufgewühlt, wird aber wieder ruhiger, wenn man landeinwärts auf Kipungani zuhält. Hier kann man eine Pause im exklusiven Kipungani-Explorer-Club einlegen. Auf der gegenüberliegenden Seite des Kanals liegt das dicht mit Mangroven bewaldete Festland. Weiter geht die Fahrt, vorbei an Matondoni, wo früher die meisten Dhows gebaut wurden. Parallel zur Anlegestelle am Festland fährt der Kapitän zum letzten Mal eine Kurve bis nach Stone Town.

SURFEN

Das *Peponi Hotel* verleiht am Strand von Shela Surfbretter und bietet auch Anfängerkurse an.

ÜBERNACHTEN

INSIDER TIPP ▶ BANANA HOUSE ☺

Der großzügige, luftige Swahilibau in Naturbauweise liegt nur 50 m vom Strand

Geordnetes Chaos: Bootsliegeplatz bei Shela auf Lamu

entfernt und kann entweder zimmerweise (einige haben Meerblick!) oder als Ganzes gemietet werden. Zum Haus gehören ein Pool und ein Wellnesszentrum, in dem Massagen und Yoga angeboten werden. *7 Zi. | Shela | Tel. 0721 27 55 38 | www.bananahouse-lamu.com | €*

ISLAND HOTEL

Gut geführtes Hotel in klassischer Inselarchitektur; die schönsten Räume befinden sich im Obergeschoss gleich neben der Frühstücksterrasse. Nur fünf Minuten vom Strand entfernt. *13 Zi. | Shela | Tel. 042 63 32 90 | €*

LAMU HOUSE ☼

Zwei wundervoll restaurierte und frisch weiß getünchte Lamu-Häuser mit Dachterrasse, von der man einen einmaligen Blick über die labyrinthartige Steinstadt von Lamu genießen kann. Zum Dekor des Hotels gehören zahllose antike Gegenstände, die vermischt mit moderner Kunst eine ganz eigene Atmosphäre erzeugen. *10 Zi. | Lamu Sea Front | Lamu Town | Tel. 042 63 34 91 | www.lamu house.com | €€*

PEPONI HOTEL

Bestes Hotel am Platz und (außer *Petley's Inn* in Lamu Town) der einzige Platz auf der Insel, wo Alkohol ausgeschenkt wird. *24 Zi. | Shela | Tel. 042 63 34 21 | www. peponi-lamu.com | €€€*

ZIEL IN DER UMGEBUNG

MANDA ISLAND (135 D4–5) (*⌖ P9*)

Manda ist für viele Urlauber das Erste, was sie bei einem Lamu-Urlaub sehen, denn Lamus Flughafen, der mehrmals täglich von Nairobi aus angeflogen wird, liegt auf der kleinen, der Hauptinsel gegenüberliegenden Insel. Boote bringen die Urlauber nach Lamu. Manda selbst ist erst in den vergangenen Jahren für Touristen geöffnet worden. Die Resorts hier sind teuer, u. a. deshalb, weil jeder Tropfen Trinkwasser mit dem Boot nach Manda gebracht werden muss. Tagesausflüge zum Strand von Manda sind mit der Dhow ebenso möglich wie ein Besuch der Ruinen der Swahili-Siedlung *Takwa*.

MALINDI

(139 F2) (*⌖ N11*) Die Geschichte Malindis reicht bis ins 13. Jh. zurück. Der portugiesische Seefahrer Vasco da Gama landete 1498 in Malindi, woran ein Denkmal erinnert. Bis Ende des 19. Jhs. blühte zudem der Sklavenhandel. Heute steht auf dem ehemaligen Sklavenmarkt die imposante Freitagsmoschee, und die Stadt lebt überwiegend vom Tourismus.

Zur Hochsaison fallen italienische Pauschaltouristen in riesige Hotelanlagen ein, denen man aber entgehen kann. Malindis Strände sind meist leerer als die an der Nord- und Südküste, dafür färbt sich das Wasser in der Regenzeit häufig rot, wenn der Galana-Fluss (ungefährlichen) Schlamm aus dem Inland an die Küste spült. Außerhalb der Hochsaison sind viele Hotels geschlossen. Ein Hauptanziehungspunkt in Malindi ist die Vielfalt an sportlichen Aktivitäten: In praktisch jedem Hotel werden Windsurfing, Reiten, Tennis, Schnorcheln, Tauchen und Hochseeangeln angeboten.

ESSEN & TRINKEN

I LOVE PIZZA

Viel besser als der Name vermuten lässt: original italienische Pizzen und Nudelgerichte zu günstigen Preisen. *Mama Ngina Road | Tel. 042 2 06 72 | €*

THE OLD MAN AND THE SEA

Das wohl beste Restaurant der Stadt liegt gleich neben dem Bootsanleger. *Mama Ngina Road | Tel. 042 3 11 06 | €*

ÜBERNACHTEN

INSIDER TIPP CHE SHALE

Eine halbe Stunde nördlich von Malindi an einem einsamen Strand liegt diese elegant designte Oase, die nur aus Naturmaterialien gestaltet ist. Geschlafen wird in Makuti-Hütten *(Bandas),* auf den Tisch kommen Meeresfrüchte und mediterran angehauchte Gerichte. Sportliche Gäste können zudem lernen, wie Kitesurfing funktioniert – ein Lenkdrachen zieht dabei den Kitesurfer auf einem Surfbrett in rasantem Tempo übers Meer. *5 Zi. | Tel. 0722 23 09 31 | www.cheshale.com | €€*

DRIFTWOOD BEACH CLUB

Eine der ältesten und bis heute schönsten Hotelanlagen Malindis. Die kleinen Cottages mit Meerblick am Silversands Beach haben Charme, und das Rauschen der Brandung wiegt die Gäste in den Schlaf. *35 Zi. | Tel. 042 2 12 01 55 | www.driftwoodclub.com | €*

KILILI BAHARINI RESORT

Resort aus 1001 Nacht unter italienischer Leitung mit großzügigen Zimmern und vorzüglichem Strand. *35 Zi. | Tel. 042 2 01 69 | www.kililibaharini.com | €€*

ZIELE IN DER UMGEBUNG

ARABUKO SOKOKE FOREST

(139 E2) (*N12*)

Seltene Vogelarten, Schmetterlinge und Reptilien können in diesem eine halbe Stunde von Malindi entfernten Küstenregenwald (einem der letzten der Region) beobachtet werden. Begleitet von einem Wildhüter (gegen Trinkgeld, KWS-Station am Parkeingang) können Sie in der angenehmen Kühle ausgedehnte Wanderungen auf dem gut ausgebauten Wegenetz unternehmen. *Mombasa Road, zwischen Kilifi und Malindi | Eintritt 20 US $*

GEDI NATIONAL MONUMENT ★

(139 F2) (*N12*)

Die Ruinen der afrikanisch-arabischen Stadt *Gedi*, gut 20 Min. von Malindi entfernt und vermutlich Ende des 13. Jhs. gebaut, geben Archäologen bis heute Rätsel auf. Im dichten Dschungel erheben sich die Reste dicker Mauern einst prächtiger Paläste, Moscheen und Häuser. Warum wurden sie gebaut, und warum wurde die Stadt offenbar überstürzt aufgegeben? Fragen, über die man bei dem eindrucksvollen Rundgang unweigerlich nachdenkt. Die Geschichte der Swahili, die hier vermutlich lebten, reicht mehr als ein Jahrtausend zurück. Araber, Inder, Türken und Chinesen handelten mit den Küstenvölkern Kenias, lange bevor das Landesinnere von Außenstehenden betreten wurde. Sprache, Kultur und Religion der hiesigen Bevölkerung wurden in dieser Zeit geprägt. *Tgl. 6–18 Uhr | Eintritt ca. 5 Euro, Führung ca. 3 Euro | Mombasa Road*

KIPEPEO BUTTERFLY FARM ●

(139 F2) (*N12*)

Schmetterlingsfarm gleich neben den Gedi-Ruinen. Hier werden Larven aus dem Arabuko-Sokoke-Reservat zu Schmetterlingen gezogen – mehr als 260 Arten, manche davon gibt es nur hier. *Tgl. 8–17 Uhr | Eintritt ca. 2 Euro | www.kipepeo.org*

MARINE NATIONAL PARKS

(139 E–F2) (*N11–12*)

Vor Malindi und Watamu liegen die nach den Städten benannten Marine Natio-

Ruine aus arabischer Vergangenheit: Gedi National Monument

nal Parks *(Eintritt je 15 US $)*, die Sie mit Glasbodenbooten oder mit Taucherbrille und Schnorchel erkunden können. Entsprechende Ausfahrten organisieren die meisten Hotels.

TANA RIVER DELTA
(134 B–C 5–6) (*N–O10*)
Nördlich von Malindi mündet einer von Kenias größten Flüssen, der Tana, in den Indischen Ozean. Ausgangspunkt für eine Safari in die vogelreichen Feuchtgebiete ist INSIDER TIPP *Tana Delta Dunes* (ca. eine Stunde Fahrt von Malindi), eine Ansammlung traumhaft in die Dünen zwischen Fluss und Meeresstrand integrierter Häuser aus Naturmaterialien, die zum Meer hin offen sind. Gegessen wird auf einer Terrasse mit Blick über den Fluss, hier gibt es auch einen Pool *(6 Zi. | Tel. 0727 46 47 63 | www.tanadelta.org | €€€)*. Außer Safaris zu Fuß durch das von den Besitzern gegründete Reservat sind von hier aus auch Bootsfahrten auf dem von Nilpferden und Krokodilen nur so wimmelnden Tana möglich – nichts für ängstliche Naturen!

WATAMU ★ (139 F2) (*N12*)
Eine halbe Stunde südlich von Malindi liegt die Stadt *Watamu* an einer der schönsten Buchten der Nordküste. Das vorgelagerte Meer ist als Nationalpark geschützt. *Turtle Bay* ist nach den schildkrötenartig geformten Koralleninseln benannt, die hier aus dem Meer herausragen. Erstes Haus am Platz ist *Hemingway's (74 Zi. | Mida Creek Drive | Tel. 042 2 33 20 52 | www.hemingways. co.ke | €€)*, benannt nach dem amerikanischen Schriftsteller, der zum Hochseeangeln nach Watamu kam.

Auch heute noch ist Watamu die Basis für Sportfischer: In der Bucht warten Fangboote und Yachten aller Arten und Kategorien auf Angler, die Haie, Segelfische oder weiße Marline aus dem Meer ziehen wollen. Längst sind diese Boote mit Sonar und anderer Technik ausgerüstet, die zum Aufspüren solcher Fische benötigt wird. Am Nachmittag, wenn die Skipper die Schiffe zurück in den Hafen steuern, kann man am Strand begutachten, wie erfolgreich die zurückkehrenden Angler gewesen sind. Die Fangsaison beginnt im August und endet im März, Marlin und Segelfisch haben ab Dezember Hochsaison. Außer *Hemingway's* vermietet auch das *Ocean Sports Hotel (Tel. 042 2 33 22 88 | www.oceansports.net)* Boote mit fachkundiger Crew. Hier gibt es auch Tauchausrüstungen für den Watamu Marine National Park. Beste Zeit: Oktober bis März; Tauchkurse bei *Aqua Ventures (Tel. 042 3 24 20).*

MOMBASA

(139 D–E 4–5) *(∅ M13)* **Bei Kenias zweitgrößter Stadt (700 000 Ew.) lohnt es sich, zweimal hinzusehen. An die Schwüle, die Urlauber am Moi International Airport im Westen der Stadt empfängt, gewöhnt man sich ebenso schnell wie an die Menschenmassen, die sich durch die Straßen schieben.**

Die laut hupenden Autos, die aus krächzenden Lautsprechern rufenden Muezzine, die schreienden Straßenhändler und das Klappern der Kleinbusse wandeln sich schnell vom Lärm zum Soundtrack einer lebendigen Hafenstadt. Die meisten Urlauber machen in Mombasa Station auf dem Weg von der Küste zu den Nationalparks im Binnenland. Die Stadt ist von Wasser umgeben: Die kleine Koralleninsel ist mit Fähren zum Süden und mit einer Hochbrücke zum Norden hin angeschlossen. Für größere Entfernungen und generell nach Einbruch der Dunkelheit nehmen Sie ein Taxi; die öffentlichen Verkehrsmittel *(Matatus)* sind voll und eng, und es ist ohne Ortskenntnis schwer, das gewünschte Ziel zu erreichen.

SEHENSWERTES

ALTSTADT
Das Zentrum Mombasas können Sie gut zu Fuß erkunden. Den Charme der ge-

CITY **WOHIN ZUERST?**

Fort Jesus: Starten Sie Ihren Mombasa-Besuch am Fort Jesus, der imposanten Festungsanlage. Von den Zinnen haben Sie einen guten Blick auf das Meer und die engen Gassen der Altstadt, man kann sich gut orientieren. Sollten Sie einen Mietwagen haben, lassen Sie ihn am Hotel stehen und fahren Sie mit dem Taxi hierher: Die engen Gassen rund ums Fort sind für Ortsunkundige kaum passierbar, Parkplätze gibt es nicht.

schichtsträchtigen Hafenstadt sehen Sie an jeder Straßenecke: Dem alten Yachtclub, der nur Mitgliedern offensteht, folgen zahlreiche Kaffeehäuser und kleine Lädchen, überall wuseln Menschen. Wie schon vor mehr als einem Jahrhundert, so ist Mombasa auch heute noch das Tor zum „dunklen Kontinent". Anstelle von Entdeckern und Missionaren, Handelskarawanen und Abenteurern, die hier mit dem Schiff anlandeten und sich auf die ungewisse Reise ins Landesinnere machten, bestimmen heute Container und Stückgut das Bild. Mombasas Tiefseehafen ist der bedeutendste an Ostafrikas Küste; von hier werden Waren mit der Eisenbahn oder dem LKW ins Landesinnere transportiert. Der Hafenbetrieb lässt sich am besten vom Nordufer (gleich hinter der Brücke) aus beobachten, besucht werden kann er nicht.

BIASHARA STREET
Wörtlich „Straße der Geschäfte", ist die verwinkelte Altstadtgasse in Mombasa vor allem die Straße der Schneider. Während die kleinen Läden vollgestopft sind mit Tüchern aller Farbe und Qualität, stehen die Nähmaschinen meist vor der Tür

auf der Straße. Vom ersten klapprigen Eindruck darf man sich nicht täuschen lassen: Innerhalb eines Tages kann jeder Schneider günstig maßgeschneiderte Kleider, Hosen oder Hemden fertigen (handeln!).

ELEFANTENSTOSSZÄHNE (TUSKS)

Keine Angst: Die vier monströsen Elefantenstoßzähne, die mitten in der Innenstadt die Moi Avenue überspannen, sind nur aus Blech. Im Schatten von Mombasas Wahrzeichen beginnen alle größeren Ereignisse der Stadt, etwa die umjubelte *East African Safari Rallye (s. Kapitel Events, Feste & mehr)*. Errichtet wurden die Zähne 1952, als die britische Thronfolgerin Elizabeth II. die Hafenstadt besuchte.

FORT JESUS ✂

Die von Portugiesen 1593–96 erbaute Festung ist das Herz von Mombasas Altstadt. Die mächtigen, weißen Mauern leuchten an den meisten Tagen prächtig in der Äquatorsonne. Von den Festungsanlagen, wo Kanonen vor sich hin rosten, hat man einen phantastischen Blick auf das Meer und die wuselige Altstadt. Im Innenhof gibt es zudem ein kleines Museum. Die drängelnden, selbst ernannten Guides vor dem Haupteingang können Sie höflich, aber getrost ignorieren. *Tgl. 8.30–18 Uhr | Eintritt ca. 8 Euro*

GEDENKSTÄTTE FÜR LUDWIG KRAPF

Der deutsche Missionar Johann Ludwig Krapf wurde 1810 in Derendingen (heute Tübingen) geboren. Mit 34 Jahren kam er nach Mombasa, kurz darauf starben seine Frau und Tochter an Malaria. Krapf blieb dennoch in Kenia, übersetzte die Bibel ins Swahili und sah auf einer seiner Forschungsreisen als erster Europäer den schneebedeckten Mount Kenya. Sein Denkmal wurde mit Unterstützung der deutschen Botschaft renoviert, ebenso wie der umliegende Park, der zum Entspannen einlädt. *Nyali, nahe Tamarind*

JAIN-TEMPEL ●

So prächtig ist in Kenia kein zweiter Hindu-Tempel: strahlend weißer Marmor gemischt mit Pastelltönen, überall kleine Kuppeln und Pagoden. Mit ihrem 1963

Mombasas Wahrzeichen: Die Elefantenstoßzähne überspannen die Moi Avenue

geweihten Tempel machen die Jainisten ihrem Ruf, besonders wohlhabend zu sein, alle Ehre. Achtung: Besucher müssen Schuhe und alles, was aus Leder ist, am Eingang zurücklassen! *Langoni Road/ Salim Road | Besuch 10–12.30 Uhr*

ESSEN & TRINKEN

INSIDER TIPP **CAFESSERIE**

Modernes Caférestaurant in Mombasas größtem Shoppingzentrum mit gutem Essen zu günstigen Preisen. Neben Pizza und frischer Pasta (Tipp: Linguini Dania mit Tomaten und Koriander) gibt es hier auch Hühnchen- und Burgergerichte.

LOW BUDGET

▶ Junge Kenianer gründeten 2011 am Bamburi Beach das *Kahama Hotel* mit dem Ziel, Strandurlaub erschwinglich zu machen: Mit weniger als 20 Euro pro Kopf/Nacht ist das Hotel unschlagbar günstig. Gleich am Strand in einem tropischen Garten mit Pool gelegen, kommt auch der Komfort nicht zu kurz. *32 Zi. | Tel. 041 5 48 53 95 oder 073 3 77 11 33 | www.kahamahotel.co.ke*

▶ Auf Lamu hat das *Pole Pole Guesthouse* konkurrenzlos günstige Einzelzimmer ab 5, Doppelzimmer ab 10 Euro im Angebot. *Waterfront | Lamu Town | Tel. 072 2 65 24 77*

▶ Der Italiener mit dem besten Preis-Leistungs-Verhältnis an der Nordküste ist die *Ascot Pizzeria* (im gleichnamigen Hotel) – die leckeren Hauptgerichte starten hier schon ab 3 Euro. *Beach Way Road | Watamu*

Großes Dessertangebot mit phantastischer Crème brûlée und (selten an der Küste) frisch gebrühter Kaffee und Cappuccino. Do und So Livemusik. *Tgl. | Nakumatt Nyali Complex | Mombasa–Malindi Road | Nyali | kein Tel. | €*

NEW CHETNA

Hier gehen Mombasas Inder essen. Auf der Karte stehen vor allem *Dal* (Linsen) und andere vegetarische Spezialitäten der südindischen Küche. Serviert wird äußerst scharf, außer man bestellt ausdrücklich „mild". *Tgl. | Haile Selassie Road | Altstadt | kein Tel. | €*

TAMARIND ⭐ ☽

In Mombasas mit Abstand bestem Restaurant gibt es die frischesten Meeresfrüchte des ganzen Landes. Ob Austern, Gambas, gegrillte Fischfilets oder Hummer: Hier kann man nichts Falsches bestellen. Mindestens so gut wie das Essen ist die Location selbst: Von dem umgebauten alten Harem sieht man auf den Alten Hafen und die Stadt hinunter. Im Schein der Fackeln und arabisch angehauchten Laternen fühlt man sich wie in Tausendundeiner Nacht. *Tgl. | Silos Road | Nyali | Tel. 041 47 46 00 | €€€*

EINKAUFEN

Einen Supermarkt und eine Auswahl westlicher Geschäfte finden Sie im *Nyali Shopping Centre,* wo sich auch Mombasas einziges Kino befindet. Hier wird, anders als bei den Souvenirständen, die es überall in der Altstadt gibt, nicht gehandelt. Zum Gucken lohnt sich der farbenfrohe *Municipal Market (Abdel Nasser Road).*

BOMBOLULU WORKSHOP

Die Werkstätten, in denen körperbehinderte Kenianer Schmuck, Kleidung

Hülsenfrüchte in allen Farben: Dekorative Auslagen auf dem Markt in Mombasa

und Souvenirs fertigen, können besucht werden. Im integrierten Kulturzentrum stehen auch traditionelle Hütten. Hier werden Tänze vorgeführt, auch ein kleines Restaurant gibt es. Die in Bombolulu verkauften Souvenirs sind nicht nur qualitativ hochwertig, sondern dienen auch einem guten Zweck. *Mo–Sa 8–18, So 10–15 Uhr | Eintritt 360 KSh | Off Nyali Road, 3 km nördlich der Nyali-Brücke | www.apdkbombolulu.org*

HARRIA'S GIFT SHOP

Breite Auswahl von Souvenirs in guter Qualität: Schnitzereien, Körbe aus Sisal oder Perlenschmuck zu oft günstigeren Preisen als auf der Straße. *Mo–Sa 9–18 Uhr | Moi Avenue, neben den Stoßzähnen*

rung des Indischen Ozeans genutzt. Mit dem Monsun kamen und gingen die Händler. Zwei der Boote mit dem charakteristischen Dreieckssegel stehen Touristen offen: die *Tamarind-Dhow* ist ein Gaumenschmaus für Gourmets; hier wird Essen aus dem gleichnamigen Restaurant serviert. Die Kombination mit einer Stadtführung ist möglich. An die abendliche Fahrt mit der Dhow von *Jahazi Marine* schließt sich ein festliches Fünf-Gänge-Dinner im Hof von Fort Jesus an. Beide Touren sind von den Strandhotels im Norden und Süden buchbar. *Tamarind Dhow: Tel. 041 47 51 47 oder 0733 41 10 11 | www.tamarinddhow.com | 40–80 US$; Jahazi Marine: Tel. 041 5 48 50 01 | www.severinkenya.com | 75 US$*

FREIZEIT & SPORT

DHOW-FAHRTEN

Die Dhows, traditionelle Handelsschiffe der Swahili, wurden früher zur Überque-

AM ABEND

Die Hotels an den Küsten nördlich und südlich von Mombasa bieten meist eigene Unterhaltungsprogramme an. Wer aber erleben will, wie ausgelassen Kenianer Party machen können, der ist in Mombasa richtig.

CLUB RIO

Rap und (kongolesischer) Lingala in einem der angesagtesten Clubs der Stadt – mittwochs, freitags und samstags ist die Stimmung besonders gut, dann legen kenianische Spitzen-DJs im ehemaligen *Toyz* auf. *Eintritt ca. 1 Euro, Frauen frei | Baluchi Street*

NEW FLORIDA CLUB

Vergnügungen aller Art im vielleicht ausgelassensten Nightclub Kenias. Mehrere Bars unter freiem Himmel, ein Spielkasino und sogar ein Pool gehören zur Ausstattung des *New Florida,* ebenso wie zu späterer Stunde die Damen des horizontalen Gewerbes. *Eintritt ca. 3 Euro | Tel. 041 31 31 27 | Mama Ngina Drive*

ÜBERNACHTEN

GLORY GRAND HOTEL

Das frisch renovierte, günstige Hotel liegt im Zentrum von Mombasa, nicht weit von den Stoßzähnen und Fort Jesus entfernt. Restaurant und Wifi im Haus. *47 Zi. | Kwa Shibu Road | Altstadt | Tel. 041 2 22 82 02, 0726 33 00 74 | www.glory kenya.com | €*

LOTUS HOTEL

Einst die erste Unterkunft weißer Siedler auf afrikanischem Boden, heute eine gute Budgetunterkunft mit einem angenehm ruhigen Garten. *35 Zi. | Cathedral Lane/off Nkrumah Road | Tel. 041 2 31 32 07 | www.lotushotelkenya.com | €*

ROYAL COURT HOTEL ❄

Modernes Businesshotel mit Dachgartenrestaurant, das einen Panoramablick über die Stadt bietet. Zum Hotel gehört auch ein Kasino. *42 Zi. | Haile Selassie Avenue | Tel. 041 2 22 33 79 | www.royal courtmombasa.co.ke | €€*

AUSKUNFT

TOURIST OFFICE MOMBASA

Moi Avenue, nahe den Stoßzähnen | Tel. 0412 22 54 28 oder 0412 22 34 56 | Mo–Fr 9–12 und 14–16.30, Sa 9–12 Uhr

NORDKÜSTE

(139 E3–4) (*M N12–13*) **Nördlich von Mombasa verläuft der Nordküste (North Coast) genannte Küstenabschnitt, der von zahlreichen Buchten gegliedert wird und sich bis nach Kilifi zieht. Über 40 km erstreckt sich hier eine Hotelanlage neben der anderen.**

Nyali Beach ist der Mombasa nächstgelegene Strand. Es folgen Bamburi Beach und schließlich Shanzu Beach, den viele Urlauber für den schönsten der Nordküste halten: Hier wird der breite Sandstrand von Felsen unterbrochen, Palmen wachsen bis dicht an die Brandung. Im Norden gehen die offenen Strände über in eine Landschaft von malerischen Buchten *(creeks).* Am größten Creek nahe Kilifi verbringen viele Kenianer in ihren Ferienhäusern den Urlaub.

SEHENSWERTES

BAOBAB ADVENTURE ♻

(139 E4) (*M M–N13*)

Einst Steinbruch für die Zementfabrik in Bamburi, hat sich das Gelände dank dem Schweizer Agronomen René Haller in ein kleines Naturparadies gewandelt. Die *Bamburi Forest Trails* laden zum Wandern und Radfahren durch die abwechslungsreiche Landschaft ein. Hauptattraktion ist der *Haller Park,* in dem zahlreiche Wildtiere zwischen den schattigen Wäldern und grünen Wiesen unterwegs sind. Die unbestrittenen Stars des Parks sind **INSIDER TIPP** Owen und Mzee: Owen, ein 2004 aus den Tsunamifluten gerettetes Flusspferd, wurde

sind in dem kleinen Reptilienpark zu sehen. Im angeschlossenen *Aquamarine-Restaurant* können Sie gut essen. *Tgl. 8–16 Uhr | Eintritt ca. 5 Euro | Mtwapa Beach, off Mombasa–Malindi Road | Tel. 020 2 02 45 62*

Shanzu Beach, einer der schönsten Strände nördlich von Mombasa

kurz nach seiner Ankunft im Haller Park von einer Ersatzmama (oder Ersatzoma?) unter die Fittiche genommen: der Riesenschildkröte Mzee. Die ungewöhnliche Freundschaft hat weit über Kenia hinaus Schlagzeilen gemacht. *Tgl. 8–17 Uhr | Eintritt ca. 5 Euro | in der Nähe der Severin Sea Lodge*

KENYA MARINE LAND (139 E4) (*N13*)

Was Besucher sonst nur unter Wasser oder auf dem Teller im Restaurant kennenlernen, lässt sich in diesem Aquarium im großen Becken bestaunen: Schnapperfische, Muränen und Anglerfische sind nur einige der einheimischen Arten. Auch Krokodile und Eidechsen

KILIFI (139 E3) (*N12*)

Der kleine Ort, 60 km nördlich von Mombasa am Kilifi Creek gelegen, ist vor allem ein guter Ausgangspunkt für Segeltouren und Surftrips und deutlich ruhiger als die Küste weiter südlich. Eine traumhafte Unterkunft ist das **INSIDER TIPP** *Robinson House*, ein perfekt in die Natur eingepasstes, zum Meer hin offenes Haus aus Holz und Makuti mit Pool und direktem Meerzugang *(Buchung über Phoenix Safaris | Tel. 020 7 12 22 54 | www.phoenix-safaris.de | €€)*. Bootsfahrten und Vogelsafaris auf dem Creek organisiert der *Mnarani Club (Malindi Road)*, wo Sie auch übernachten können.

MAMBA VILLAGE CROCODILE FARM

(139 E4) (*M–N13*)

Gut 10 000 Krokodile jeden Alters liegen auf dieser Farm den Großteil des Tages in der Sonne, bis um 17 Uhr die Fütterung beginnt. Auf dem Gelände befinden sich auch ein kleiner Schlangenpark und einer der **INSIDER TIPP** angesagtesten Nightclubs der Gegend – hier wird über den Köpfen der Krokodile bis in die Nacht hinein getanzt. *Farmbesuch tgl. 8–18 Uhr | Eintritt ca. 5 Euro | gegenüber dem Nyali Golf Club | Nyali*

NGOMONGO VILLAGE

(139 E4) (*N13*)

Bewohner von Ngomongo haben einen ehemaligen Kalksteinbruch renaturiert und zwischen den neu gepflanzten einheimischen Bäumen und Büschen als eine Art Freilichtmuseum traditionelle Hütten zehn verschiedener Ethnien aufgebaut. Besucher bekommen eine zweistündige Tour; der Besuch bei einem Kikuyu-Zauberer und eine Tanzvorführung sind inbegriffen. *Nyali | nahe Mtwapa Road auf der Straße zum Serena-Hotel (Ausschilderung ab Shanzu Workshop) | Tel. 072 4 94 23 95*

ESSEN & TRINKEN

Die meisten Hotels an der Nordküste haben für ihre Gäste gleich mehrere Restaurants zur Auswahl. Die wenigen Restaurants, die es jenseits der Hotelanlagen gibt, lohnen sich alleine schon, um einmal den Mauern des eigenen Hotels zu entfliehen.

AQUAMARINE RESTAURANT

(139 E4) (*N13*)

Gemütliches Restaurant im gleichnamigen Aquarium direkt am Wasser, die Gäste sitzen unter einem im Wind raschelnden Palmdach. Für den kleinen Hunger gibt es ein spezielles Snackmenü. *Tgl. | Mtwapa Beach | off Mombasa–Malindi Road | Tel. 041 5 48 52 48 | €*

IL COVO (139 E4) (*N13*)

Italienisches und Gegrilltes auf einer Terrasse direkt am Meer. Am Abend werden die Tische zur Seite geräumt, dann wird getanzt. *Tgl. | Bamburi Beach | Tel. 041 5 48 74 81 | €€*

THE MOORINGS (139 E4) (*M–N13*)

Schwimmendes Restaurant im mangrovenbestandenen Mtwapa-Creek unweit der Nyali-Brücke. Spezialität: Meeresfrüchte und Fisch. Abends ein wunderschöner Platz für ein **INSIDER TIPP** Candlelightdinner mit Meeresbrise. *Tgl. | Mombasa–Malindi Road | Tel. 041 5 48 52 60 oder 072 2 41 18 12 | €€*

EINKAUFEN

SHANZU WORKSHOP

(139 E4) (*M–N13*)

In der Werkstatt stellen behinderte junge Frauen Souvenirs, Schmuck und farbenfrohe Textilien her. Besucher können die Arbeit beobachten und in dem angeschlossenen Shop einmalige Souvenirs kaufen. *Nyali, nahe Mtwapa Road auf der Straße zum Serena-Hotel*

FREIZEIT & SPORT

GOKARTBAHN (139 E4) (*M–N13*)

Auf dieser in einem tropischen Palmengarten gelegenen Anlage unter deutscher Leitung kann man nicht nur Gokart und Buggy fahren (Strecken je ca. 500 m), sondern sich auch im **INSIDER TIPP** Baggerfahren versuchen. Zur Erholung lockt ein Drink an der Bar. *Di–So 16–22 Uhr | Fahrten ab ca. 10 Euro | nahe Severin Sea Lodge | Tel. 0721 48 52 47 | www.mombasa-gokart.com*

GOLF (139 E4) (*M N13*)

Kenias neuester und luxuriösester Golf-platz liegt auf *Vipingo Ridge:* Die 18 Löcher sind nach nach USGA-Richtlinien ange-legt, beim Spiel bietet sich ein phantas-tischer Ausblick auf den Indischen Ozean *(Anmeldung: Tel. 0725 38 73 90).* In Nyali gibt es einen ebenfalls schön gelegenen 9-Loch-Platz.

HOCHSEEFISCHEN (139 E4) (*M N13*)

Schon Ernest Hemingway hat an Kenias Küste geangelt: Schwertfische, Haie und Segelfische gibt es in den Gewässern bis heute reichlich. Boote und Ausrüstung können tageweise gemietet werden. Ein empfohlener Anbieter ist *Howard Law-rence-Brown (Tel. 0722 82 09 82, 0722 83 14 64 | www.kenyadeepseafishing.net).*

AM ABEND

PIRATES BEACH BAR (139 E4) (*M N13*)

Kenias heißeste Stranddisko mit ange-schlossenem Grill. Hier wird bis in die frü-hen Morgenstunden gefeiert. *Bamburi, off New Malindi Road | Tel. 0714 41 99 68*

ÜBERNACHTEN

BAHARI BEACH HOTEL

(139 E4) (*M M–N13*)

Hotelanlage auf einer Klippe über Ny-ali Beach mit direktem Strandzugang. Swimmingpool und diverse Wassersport-arten. *100 Zi. | Tel. 041 47 28 22 | www. baharibeach.net | €*

SAROVA WHITESANDS

(139 E4) (*M N13*)

Moderne und weitläufige Hotelanlage im Stil eines arabischen Forts. Drei Pools und alle Arten von Wassersport im An-gebot. *340 Zi. | Bamburi Beach | Tel. 041 2 12 80 00 | www.sarovahotels.com | €€*

SERENA BEACH HOTEL

(139 E4) (*M M–N13*)

Die edle Hotelanlage im Swahilistil bie-tet alle Annehmlichkeiten, u. a. für Well-

Auf Vipingo Ridge kommen die Golfästheten auf ihre Kosten

nessfans den phantastischen *Maisha*-Spa. *166 Zi. | Tel. 020 2 84 20 00 | www.sere nahotels.com | €€€*

SEVERIN SEA LODGE (139 E4) *(ⓜ N13)* Beliebte Hotelanlage unter deutschem Management, der man ihre Größe nicht anmerkt. *200 Zi. | Bamburi Beach | Malindi Road | Tel. 041 5 48 52 12 | www.severin-kenya.com | €€*

SÜDKÜSTE

(139 D5–6) *(ⓜ M13–14)* **Südlich von Mombasa erstreckt sich der Südküste (South Coast) genannte Küstenabschnitt mit dem Hauptort Diani Beach, dem wohl schönsten und breitesten Strand des Landes.**

Das strahlende Weiß des Sandes sticht einem hier förmlich in den Augen. Kurz hinter der Fähre liegt Tiwi Beach, gefolgt von Diani Beach. Die Anreise vom Flughafen Mombasa kann eine beschwerliche Angelegenheit werden, weil der Mombasa Creek mit einer ältlichen Fähre überquert werden muss – hier staut sich oft der Verkehr. Wer von Nairobi kommt, sollte deshalb zum Flughafen Ukunda nahe Diani Beach fliegen, der von Air Kenya und Safarilink angeflogen wird.

SEHENSWERTES

COLOBUS TRUST (139 D5) *(ⓜ M14)* Seit 1997 kümmern sich Naturschützer in Diani um die gefährdeten Colobus-Affen. Von ihrer Forschungsstation aus bieten die Ökologen fachkundig geführte Tou-

SPRECHENDE TÜCHER

In Kenia gilt folgende goldene Regel: Wenn sich ein Ehemann am Morgen zum Frühstück niederlässt, sollte er noch vor der Begrüßung den Kanga beäugen, den seine Frau angezogen hat. Denn zu den wichtigsten Eigenheiten des leichten Tuchs, das seit der Einführung durch mosambikanische Händler vor mehr als 150 Jahren die Standardkleidung an Ostafrikas Küste ist, gehört neben dem bunten Muster der Spruch am Rand. Liest der Ehemann: „Die Dankbarkeit des Esels ist ein Tritt", dann ist seiner Frau vermutlich aufgefallen, dass er fremdgeht – und dank ihres „Fashion-Statements" weiß das bald die ganze Nachbarschaft. In glücklicheren Ehen mag die Frau den Spruch „Mimi ni wako" anziehen: „Ich bin Dein". Der Kanga ist ein Stück gewebter Poesie.

Neugeborene werden in Kangas gewickelt, auf denen „titi la mama ni tamu" steht: „Mamas Milch ist die beste". Freundinnen tragen den Kanga, der traditionell in zwei identischen Teilen verkauft wird, als Beweis ihrer ewigen Freundschaft. Aber nicht alle Sprüche sind traditionsbeladen: „Glückwunsch, Obama" dürfte der aktuell am häufigsten getragene Kanga sein, geziert vom Porträt des beliebten US-Präsidenten. Afrikanische Herrscher lassen ihr Konterfei samt Spruch nicht nur in Wahlkampfzeiten auf Tuch drucken, das sie dann umsonst verteilen. Wenn Sie sich einen Kanga zulegen wollen (Preis je nach Qualität 9–18 Euro), sollten Sie sich unbedingt zeigen lassen, wie er gebunden wird – angeblich gibt es mehr als 101 Arten.

Fliegende Händlerinnen bieten am Diani Beach bunte Tücher feil

ren zu Fuß an, bei denen man die Affen beobachten kann. *Mo–Sa 8–17 Uhr | Colobus Trust Research Station | Diani Beach Road | Tel. 0711 47 94 53 | www. colobustrust.org*

DIANI BEACH ★ ● (139 D5) (Ɱ M14)

Diani Beach ist der wahr gewordene Urlaubstraum unter Palmen. Familien genießen, dass das türkis schillernde Meer bis zu den vorgelagerten Korallenriffen flach bleibt. Das seichte Wasser ist warm und auch für kleine Kinder zum Planschen ideal geeignet. Weiter zum Riff hin tummeln sich die Schnorchler und Surfer. Und wenn die Sonne untergeht, ist der Tag am weiten, weißen Strand noch lange nicht vorbei: Strandbars und kleine Restaurants laden zum Sundowner und zu einem langen Abend ein.

INSIDER TIPP ▶ KAYA KINONDO
(139 D5) (Ɱ M14)

Die in Diani lebende Digo-Bevölkerung bietet Urlaubern seit einigen Jahren die Chance, einen Einblick in ihr traditionelles Leben zu bekommen: Nach einem Fußmarsch durch die Kaya, einen heiligen Baumhain, bekommt man ein Dorf, den lokalen Medizinmann und die örtliche Schule zu Gesicht. *Diani Beach | Tel. 0722 34 44 26*

MSAMBWENI ● (139 D6) (Ɱ M14)

Das kleine Fischerdorf liegt nur 15 km von Diani Beach entfernt, ist aber vom Massentourismus bislang verschont geblieben. Hier geht das Leben noch seinen ruhigen kenianischen Gang. Die mit Palmen gedeckten INSIDER TIPP ▶ *Mbuyu Beach Bungalows* (5 Zi. | Tel. 0707 00 08 23 | www.mbuyu beach.com | €) stehen versteckt in einem bunten Tropengarten, nur wenige Schritte vom einsamen Strand entfernt. Hier hat sich Ex-ARD-Korrespondent Werner Zeppenfeld sein persönliches Paradies eingerichtet. Hängematten und der Pool laden zum Ausspannen ein – ein Ort zum Träumen …

SÜDKÜSTE

INSIDER TIPP **SHIMBA HILLS NATIONAL RESERVE** (139 D5) (*M13–14*)

30 km vom Strand landeinwärts erstreckt sich einer von Kenias letzten Küstenregenwäldern: Die geschützte Hügelkette (bis zu 400 m hoch) beherbergt u. a. die seltene Säbelantilope, die es nur hier gibt. Außerdem sind Elefanten, Büffel und andere Antilopenarten zu sehen. Von der Schwüle der nahen Küste ist hier nichts zu merken, auch wenn sich von den ☼ Kuppen der Hügel ein phantastischer Blick bis zur Küste und auf die tansanischen Usambaraberge eröffnet. Die Infrastruktur im Park ist gerade erst von Kenias Wildlifeservice generalüberholt worden. Das rustikale Baumhotel, wo man auf Stegen die Wipfel der Bäume erkunden kann, ist eine wunderschöne Unterkunft: *Shimba Rainforest Lodge (67 Zi. | Tel. 041 2229608 | www.aberdaresafarihotels.com | €€). Parkeintritt 20 US$ | Karten können auch an der KWS-Verkaufsstelle im Ukunda-Einkaufszentrum (Diani Beach Road) gekauft werden.*

TIWI BEACH (139 D5) (*M14*)

Tiwi Beach ist trotz seiner Nähe zu Mombasa einer der einsameren Strandabschnitte der Südküste. Kneipen oder Diskos sucht man hier vergeblich, und entlang des Strandes erstrecken sich nur wenige Hotelanlagen, z.B. der Ferienkomplex des *Tiwi Beach Resorts.*

WASINI ISLAND (139 D6) (*M14*)

Ganz im Süden von Kenias Küste (80 km von Mombasa entfernt) liegt *Wasini Island,* ein Paradies für Taucher. Vom Hafenort *Shimoni* und der Insel aus fahren erfahrene Meeresbiologen täglich mit der INSIDER TIPP „Wasini Dhow" mit Urlaubern aufs Meer hinaus, um Delphine zu beobachten – ein perfekter Tagesausflug. Die erfahrene Crew (spricht Deutsch) kennt die Gewässer so gut, dass die Chancen groß sind, die Meeressäuger tatsächlich zu sehen. Auch die bis zu 10 t schweren und 18 m langen, dennoch harmlosen Walhaie können mit Glück beobachtet werden. Garantiert sind eine

Eine Insel für Robinson Crusoe: Wasini Island bei Shimoni

Schnorchelpause am Kisite Riff vor Wasini und ein Swahili Lunch an Bord der Dhow. Mitfahrer werden morgens an ihren Hotels abgeholt. *Ab 75 Euro | Wasini Dhow | Tel. 040 3 20 21 44, 0712 91 85 89 | www. wasinidhow.com; oder Pilli Pipa Dhow Safaris | Tel. 040 3 20 35 59, 0724 44 25 55 | www.pillipipa.com*

ESSEN & TRINKEN

ALI BARBOUR'S (139 D5) (*M14*)

Das Restaurant in einer ausgebauten Felsgrotte mit bestem Essen und familiärer Atmosphäre ist eine feste Institution am Diani Beach. *Tgl. ab 18 Uhr | nahe Diani Sea Lodge | Tel. 0714 45 61 31 | €€*

NOMAD BEACH BAR ●

(139 D5) (*M14*)

Relaxte Bar direkt am Strand unter einem schattenspendenden Makutidach. *Tgl. | Diani Beach, neben The Sands at Nomad | €*

AM ABEND

FOURTY THIEVES BAR

(139 D5) (*M14*)

Wenn die Sonne untergeht, lassen sich an Kenias ältester Strandbar, die nur ein paar Schritte vom *Ali Barbour's Restaurant* entfernt liegt, die ersten Gäste zum Sundowner nieder. Je später es wird, desto ausgelassener wird die Stimmung – oft genug wird die Bar erst bei Sonnenaufgang geschlossen. *Tgl. ab 16 Uhr | Diani Beach, nahe Diani Sea Lodge*

ÜBERNACHTEN

BAOBAB BEACH RESORT

(139 D5) (*M14*)

Die Anlage auf dem mit Baobabs bestandenen Gelände war einst ein Robinson-Club. Heute kann man all inclusive ausspannen, surfen und tauchen lernen oder Tennis spielen. *30 Zi. | Diani Beach | Tel. 040 3 20 26 23 | www.baobab-beach-resort.com | €€*

LEOPARD BEACH RESORT

(139 D5) (*M14*)

Zum großzügig angelegten Resort gehören mehrere Pools, eine Tauch- und Surfschule und ein privater Strand. Außer vier Restaurants gibt es auch einen schönen Spa mit allen erdenklichen Wellnessangeboten. *158 Zi. | Diani Beach | Tel. 040 3 20 27 21 | www.leopardbeachresort.com | €€€*

SANDS AT NOMAD (139 D5) (*M14*)

Cottages für bis zu vier Personen direkt am Strand ziehen vor allem Taucher an. Auf dem palmenbewachsenen Grundstück ist es angenehm kühl, das Restaurant mit Strandbar ist der Hit. *37 Zi. | Diani Beach | Tel. 040 3 20 36 48 | www.thesandsatnomad.com | €€*

SHAANTI RETREAT ● ↻

(139 D5) (*M14*)

Afrikas einziges ayurvedisches Strandhotel ist eine wahre Wohlfühloase: Hier gibt es Open-Air-Yogakurse, einen Whirlpool mit Meerblick, Bandas mit Massagebänken direkt am Strand und einen Raum zum Meditieren. Im Turmrestaurant wird hervorragendes vegetarisches Essen serviert. *8 Zi. | Diani Beach | Tel. 040 3 20 20 64, 0722 20 55 00 | www.shaantihhr.com | €€€*

TIWI BEACH RESORT (139 D5) (*M14*)

Großer Ferienkomplex mit dem längsten Swimmingpool Kenias. Hier kann man Wasserski fahren, surfen, schnorcheln und tauchen. Das Resort ist zudem exzellent für Rollstuhlfahrer eingerichtet. *210 Zi. | Tel. 040 3 30 02 41 | www.tiwibeachresort.com | €*

DER SÜDOSTEN

Von der Küste zieht sich die rote, staubige Erde über weites, flaches Land: Der Südosten Kenias ist Afrika pur.

Im Tsavo, Kenias größtem Nationalpark, wird die Landschaft von Lavagestein unterbrochen, das zu bizarren Formen erstarrt ist. Am Horizont erheben sich Ernest Hemingways „grüne Hügel Afrikas", die Chyulu Hills – und der höchste Berg des Kontinents, der Kilimandscharo, zu dessen Füßen Elefanten durch die Savanne des Amboseli-Nationalparks ziehen.

AMBOSELI

(136 A–C 1–2) (🗺 F–H 9–11) ⭐ **Für viele Kenia-Besucher ist Amboseli der optisch beeindruckendste Park des Lan-** des. Am Fuß des fast 6 km in die Höhe reichenden, schneebedeckten Kilimandscharo ziehen die im Vergleich zwergenhaft wirkenden Elefanten in Herden durch die fast überall mit einer feinen Ascheschicht bedeckte Savanne.

Am schönsten ist der vergleichsweise kleine Park (392 km²) am frühen Morgen und in der Stunde vor Sonnenuntergang: Dann zeigen sich hier einmalig faszinierende Farbspiele. Über allem türmt sich der „Kili", dessen Spitze tagsüber meist wolkenverhangen ist, mit seinem gleißenden Gipfel.

Neben Elefanten beherrschen Zebras, Gnus und Gazellen das Bild des Parks. Quellen und Seen, die von den Flanken des Kilimandscharo gespeist werden, ermöglichen ihnen in dem sonst knochen-

Bild: Elefanten im Amboseli-Nationalpark

Am Fuß des Kilimandscharo: Die Ebene zwischen Kenias Küste und dem Hochland besticht durch ihre Weite und Wildnis

trockenen Land ebenso das Überleben wie Schakalen, den scheuen Leoparden und Krokodilen. Zu den einmaligen Anblicken gehören auch Elefantenherden, die bis zum Bauch eingesunken im Sumpf baden. Die nicht weit von Ol Tukai entfernten Sümpfe sind zudem der Traum von Vogelkundlern: Kraniche, Pelikane, Reiher und Dutzende andere Arten finden im seichten Wasser Nahrung.

Amboseli lässt sich von Nairobi mit dem Auto je nach Straßenlage innerhalb von vier bis fünf Stunden erreichen; der Flug dauert eine knappe halbe Stunde. *Parkeintritt 80 US $*

SEHENSWERTES

KILIMANDSCHARO ★ ☀
(136 C3) (ᐁ G–H11)

Afrikas mit 5892 m höchster Berg ist der majestätische Blickfang im Amboseli-Nationalpark. Von nahezu überall beherrscht er den Horizont. Geologisch gesehen ist der Kilimandscharo ein junger Berg, geformt durch vulkanische Aktivität vor gut einer Million Jahren. Heute ist er ein schlummernder Vulkan. Obwohl es keine Ausbrüche gibt, wehen starke Schwefelgerüche über dem 2,3 km breiten und 200 m tiefen Krater an der Spitze.

nach Moshi, wo die meisten Kili-Touren beginnen. Ob Gipfelsturm, Tagestour, Mountainbiking oder Trekking: In Moshi kann alles arrangiert werden. Wer sich Zeit nimmt und sich schrittweise an die

Grandiose Aussicht: Wandergruppe am Fuß des Kilimandscharo

LAKE AMBOSELI (136 B1–2) (🗺 G10)

Der See, nach dem der Park benannt ist, füllt sich nur in der Regenzeit mit dem vom Himmel fallenden Wasser. Wo im Rest des Jahres nicht mehr als eine dürre Staubpfanne ist, tobt dann binnen Stunden das Leben. Mit Glück lassen sich hier in der Regenzeit auch Flamingos und andere Zugvögel beobachten.

FREIZEIT & SPORT

KILIMANDSCHARO-BESTEIGUNG ☀

(136 C4) (🗺 H12)

Bestaunen kann man den höchsten Berg Afrikas von kenianischer Seite – besteigen kann man ihn aber nur in Tansania. Vom Grenzübergang bei Namanga sind es ca. 200 km auf guten Straßen bis

Höhe anpasst, hat auch ohne Bergerfahrung gute Chancen, bis ganz nach oben zu kommen. Tansanias Regierung schreibt die Buchung über ein Safari-Unternehmen ebenso vor wie die Beschäftigung einheimischer Führer und Träger. Beliebteste Route zum Gipfel ist die *Marangu-Route* (auch Coca-Cola-Route genannt), die innerhalb von fünf Tagen die ganze Bandbreite der Ökosysteme des Kili durchquert. Wer sichergehen will, den Gipfel zu erreichen, plant am besten auf dem Aufstieg einen Extratag in der Horombo-Hütte ein. Billig ist eine Kilimandscharo-Besteigung nicht: Je nach Veranstalter muss man mit mindestens 700 Euro für eine Fünf-Tages-Tour auf der Marangu-Route rechnen, zuzüglich Parkgebühr und Trinkgeld für die Träger, das nicht zu knapp bemessen sein sollte. November, März und April, wenn der Regen die Waldwege aufweicht und in größeren Höhen besonders viel Schnee liegt, gelten als die schlechtesten Monate für einen Aufstieg. Weitere Infos und Adressen empfehlenswerter Organisatoren finden Sie im MARCO POLO Band „Tansania".

LODGES

AMBOSELI SERENA LODGE ☺ ☘
(136 C2) (*∅ G10*)

Unauffällig in die Landschaft eingepasste Lodge im Stil eines Massaidorfs. Im Pool badet man mit Blick auf den Kilimandscharo. Für ihr vorbildliches Ökomanagement wurde die Lodge 2011 als kenianische Ökotourismus-Destination des Jahres ausgezeichnet. *96 Zi. | Tel. 045 62 23 61 | www.serenahotels.com/ serenaamboseli | €€€*

OL TUKAI LODGE (136 C2) (*∅ H10*)

Rustikale Safaristimmung herrscht auf dieser aus Holz errichteten Lodge im Herzen des Parks. Im Garten leben über 150 Vogelarten. *80 Zi. | Tel. 020 4 44 55 14 | www.oltukailodge.com | €€€*

INSIDER TIPP TORTILIS CAMP ● ☺ ☘
(136 B2) (*∅ G10*)

Eins der schönsten Camps in ganz Kenia: Von der Terrasse der nur aus einheimischen Naturmaterialien gebauten Lodge und von den Zelten aus genießt man einen einzigartigen Kili-Blick. Die Küche ist eine Klasse für sich. Sehr kinderfreundlich. *18 Zi. | Tel. 020 6 00 30 90 | www. chelipeacock.com | €€€*

TSAVO

(137/138) (*∅ J–L 9–13*) ★ **Mit seiner Fläche von 21 812 km² ist Tsavo nicht nur** der größte, sondern auch der abwechslungsreichste Nationalpark Kenias. Auf einer Fläche größer als Hessen wechseln sich staubige Savanne, roter Laterit und dichte Akazienwälder ab.

Der breite Flusslauf des Galana-Flusses durchschneidet die trockenen Ebenen, während sich weiter westlich Hügel und Lavaformationen mit schier endlosen, unterirdischen Tunnelsystemen erstrecken. Tsavo will entdeckt und erobert werden: Der kurz nach seiner Gründung entlang der Hauptstraße von Mombasa nach Nairobi in zwei Einheiten (Tsavo West und Tsavo East) geteilte Park bietet je nach Ecke und Saison immer wieder unterschiedliche Bilder. Vielen erschließt sich der riesige Park erst mit der Zeit, doch seine Größe und seine Wildheit machen Tsavo zu einem ganz besonderen Erlebnis. Die Anreise mit dem Auto ist dagegen wegen der nahen Hauptstraße von Mombasa nach Nairobi ungewohnt komfortabel: In drei bis vier Stunden ist der Weg von beiden Städten bis zum *Voi Gate* zurückgelegt. Wer mit

★ **Amboseli**
Elefanten marschieren herdenweise durch die Graslandschaft im Schatten des Kilimandscharo
→ S. 52

★ **Kilimandscharo**
5896 Meter weit ragt Afrikas höchster Berg in den Himmel: ein majestätischer Anblick
→ S. 53

★ **Tsavo**
Kenias größter und abwechslungsreichster Nationalpark: ein Landschaftstraum in Rot
→ S. 55

MARCO POLO HIGHLIGHTS

eigenem Auto reist, kann den Weg an die (nördliche) Küste durch Tsavo East hindurch abkürzen. Flüge nach Tsavo sind vergleichsweise teuer. *Parkeintritt: 65 US$ (pro Park)*

Tsavo West, der kleinere der beiden Tsavos (rund 9000 km²), ist der landschaftlich abwechslungsreichere Park, auch wenn es oft schwierig ist, in der dichter bewachsenen Landschaft Tiere zu erspähen. Im Dickicht können sich die Big Five ebenso gut verbergen wie die scheuen Kudus, die es kaum sonst irgendwo in Kenia zu sehen gibt.

Tsavo East ist eine riesige, weitgehend ungezähmte Wildnis. Hier kann man stundenlang unterwegs sein, ohne einem anderen Fahrzeug zu begegnen. Die Wildtiere leben weit verstreut in der phantastischen Landschaft aus roter Erde, verstreuten Akazien und Dornbuschsavanne. Tsavo East ist eine Übergangszone zwischen den Savannen des südlichen und den Wüstenzonen des nördlichen Kenia. Entlang der wenigen Wasserquellen versammeln sich vor allem in der Trockenzeit die Tiere, die sich dann besonders gut beobachten lassen. Neben den durch die Erde rot gefärbten Elefanten, die nach gnadenloser Wilderei in den 1970er-Jahren im Tsavo heute wieder reichlich vorkommen, sind die mähnenlosen Löwen die (publikumsscheuen) Stars im Park. Biologen rätseln bis heute, warum die männlichen Löwen – anders als fast überall sonst – keine Mähne tragen. Während des Baus der Eisenbahn, deren Schienenstrang sich am Nationalparkrand entlangzieht, waren die Löwen als „Menschenfresser" berüchtigt. Sie sollen während der Bauzeit mehr als 140 Bauarbeiter gerissen haben *(siehe auch Kapitel Ausflüge & Touren, S. 96).* Bei Kenianern haben die Löwen von Tsavo auch heute noch den Ruf, außergewöhnlich aggressiv zu sein.

SCHNEE VON GESTERN

„Schnee auf dem Kilimandscharo" ist die vielleicht bekannteste Kurzgeschichte des US-Schriftstellers Ernest Hemingway. Doch der Schnee, derzeit noch auf der Spitze des Berges zu sehen, wird vermutlich schon bald der Vergangenheit angehören. Er schmilzt wegen des Klimawandels schon seit Jahren. Das UN-Umweltprogramm geht davon aus, dass der Schnee auf dem Kilimandscharo in Folge des Klimawandels bis 2020 verschwunden sein wird – mit massiven Folgen für die Umwelt. Der Grundwasserpegel sinkt stetig, was bereits jetzt die Vegetation beeinträchtigt – und damit über kurz oder lang auch die Tierwelt. Auch das vielfältige Ökosystem am Berg selbst ist gefährdet, weil es perfekt an die klimatischen Bedingungen angepasst ist: Die Felder des Hochlands gehen über in dichten Bergwald. Über 2800 m folgen Heide- und Moorland, über 3700 m urzeitlich anmutende Wälder von bis zu 3 m hohen Lobelien, die sich bis zur Baumgrenze erstrecken. Der harschen Umgebung mit den in der Höhe stark abnehmenden Temperaturen hat sich auch eine vom Umland weitgehend isolierte Tierwelt angepasst. Elefanten steigen bis auf das Shira-Plateau auf fast 4000 m Höhe; nicht weit vom Gipfel wurde einst sogar ein erfrorener Leopard gefunden.

Krokodile fühlen sich wohl im aufgewühlten Wasser der Mzima Springs

SEHENSWERTES

ARUBA-STAUSEE (138 B2) (⊠ L12)

Der Rundweg vom Parkgate in Voi bis zum 1951 angelegten Aruba-Stausee (Aruba-Damm) in Tsavo East ist eine gute Route, um die Tierwelt zu beobachten. Hier im offenen Grasland sind die scheuen Geparden und Löwen gut zu sehen. Wer sich einen Überblick verschaffen will, steuert am besten den gut 30 km westlich gelegenen ☀ *Mudanda Rock* an, den kenianische Tourguides gerne mit dem australischen Uluru (Ayers Rock) vergleichen. Zwar ist der Inselberg viel kleiner als der große Bruder in Down Under, nichtsdestotrotz aber ein beeindruckender Anblick. Einmal oben angelangt, reicht der Blick zudem bei klarer Sicht bis zum Galana-Fluss – und auf ein nahes Wasserloch, an dem sich bei Sonnenauf- und -untergang Elefanten, Büffel und Antilopen in großer Zahl versammeln. *Tsavo East*

LUGARD FALLS (138 B1) (⊠ K11)

Die bizarren *Lugard Falls,* eine Reihe von Wasserfällen, die durch riesige Quarzbrocken rauschen, bieten einen einmaligen Ausblick auf den Galana-Fluss, die wichtigste Lebensader für die Tiere im Tsavo. An seinen Ufern färbt sich die sonst braungelbe Landschaft auf einmal saftig grün, an den Ufern stehen Palmen und dichte Auwälder. Flussabwärts folgt ein ruhiger Flussabschnitt, der *Hippo Pool,* wo Sie vom höher gelegenen, ☀ *Crocodile Point* genannten Aussichtspunkt aus Flusspferde und Krokodile beobachten können. *Tsavo East*

MZIMA SPRINGS (137 E3) (⊠ J11)

An dem von den Flanken des Kilimandscharo gespeisten Gletschersee mit ungewöhnlich klarem Wasser können Sie Krokodile und Nilpferde beobachten – und zwar sowohl vom Ufer aus (einer der wenigen Orte in Kenias Nationalparks, wo man sich vorsichtig zu Fuß bewegen darf) als auch unter Wasser. Eine dicke Glasfront, die in einen Aussichtspunkt unterhalb der Seeoberfläche eingebaut ist, macht es möglich, den an Land so schwerfälligen Hippos bei ihrem tänzelnden Unterwasserballett zuzusehen. *Tsavo West*

SHETANI LAVA FLOW (137 D2) (*J11*)

Der *Shetani Lava Flow* (*Shetani* heißt Teufel) ist ein erstarrter Lavafluss, der von einem Vulkanausbruch vor 200 Jahren zurückgeblieben ist. Anders als im sonst so dicht bewachsenen Park steht hier bis heute kaum eine Pflanze – der Grund,

Schwarz-grüne Farbsinfonie: bizarre Lavalandschaft in den Chyulu Hills

INSIDER TIPP NGULIA RHINO SANCTUARY (137 E3) (*J11*)

Einer der besten Orte, um Nashörner zu beobachten: In dem mit einem Elektrozaun abgesperrten Nashornreservat innerhalb des Parks werden ca. 60 Nashörner vor Wilderern geschützt. Das Schutzprogramm ist so erfolgreich, dass in den vergangenen Jahren mehr als 100 Nashörner ausgewildert worden sind. Weil die Rhinos von Ngulia auf relativ engem Raum leben, sind die Chancen sehr gut, die sonst so scheuen Rhinozerosse zu Gesicht zu bekommen. *Tgl. 16–18 Uhr | Eintritt ist in der Nationalparkgebühr enthalten | Tsavo West*

warum der Lavafluss seinen höllischen Namen trägt. Gerade wegen seiner Andersartigkeit strahlt der Ort etwas ganz Eigenes, fast Magisches aus. *Tsavo West*

LODGES

FINCH HATTON'S ● (137 D–E2) (*J11*)

Mit allen Schikanen ausgestattetes Luxuscamp, benannt nach Karen Blixens Liebhaber Denys Finch Hatton, dessen andere Liebe der Tsavo war. Die Besitzer verwöhnen die Gäste passend im Stil der 1920er-Jahre. *Tsavo West | 30 Zi. | Tel. 020 3 57 75 00 | www.finchhattons. com | €€€*

INSIDER TIPP ▶ GALDESSA CAMP

(138 B1) (*M K–L11*)

Ein Buschcamp der Extraklasse mit erstklassiger Lage am Galdessa-Fluss. Die Gegend rund ums Camp gilt als eine der tierreichsten in Tsavo East. *15 Zi. | Tel. 040 3 20 26 30 | www.galdessa.com | €€€*

SEVERIN SAFARI CAMP ☺ ☀

(137 E3) (*M J11*)

Kleines und familiär geführtes Camp, das trotz eines Spas und eines großen Swimmingpools auf die Schonung der knappen Ressourcen Wert legt. Die Lage mitten in der Wildnis ist nicht nur wegen des Panoramablicks atemberaubend – nachts trotten auch schon mal Giraffen zwischen den Zelten hindurch. *Tsavo West | 27 Zelte | Tel. 041 2 11 18 00 | www.severin-kenya.com | €€*

VOI SAFARI LODGE (138 A–B2) (*M K12*)

Die Lodge besticht durch ihre einmalige Lage direkt über einem Wasserloch, an dem sich täglich zum Sonnenauf- und -untergang Tiere einfinden. Auch der Weg zu dem für Fotosafaris besonders ergiebigen Rundparcours beginnt gleich vor dem Tor. *Tsavo East | 52 Zi. | Tel. 020 34 42 01 oder 020 2 24 41 73 | www.safari-hotels.com | €€*

ZIEL IN DER UMGEBUNG

INSIDER TIPP ▶ CHYULU HILLS ●

(137 D–E 1–2) (*M H–J10*)

Eine fast magische Landschaft aus erkalteter Lava und den Überresten erloschener Vulkane, dazwischen die von Ernest Hemingway berühmt gemachten „grünen Hügel Afrikas": Die wenig besuchten *Chyulu Hills,* zwei Autostunden vom Voi Gate entfernt und geologisch eine der jüngsten Bergketten der Welt, bestechen durch ihre unberührte Natur,

die Sie sich – in Begleitung eines Rangers – sogar erwandern können. Kletterer und Höhlenfreunde können zudem die vom Tageslicht kaum beleuchteten unterirdischen Kanäle erkunden, die die Lavaströme hinterlassen haben. Das rustikale *Umani Springs Camp (8 Zelte | Tel. 020 4 44 71 51 | €)* ist die perfekte Ausgangsbasis für Touren in den Chyulu Hills. Nicht weit entfernt ist das *Campi ya Kanzi,* eine traumhaft ausgestattete Exklusivlodge mit eigenem Naturreservat *(8 Zi. | Tel. 0720 46 13 00 | www.maasai. com | €€€). Parkeintritt 20 US $*

LOW BUDGET

▶ Campingplätze des *Kenya Wildlife Service* in beiden Tsavos, Amboseli und Chyulu *(Tel. 020 60 08 00 | www.kws.org)* sind mit 10–20 Euro pro Nacht die günstigste Übernachtungsmöglichkeit. Die Wärter an den Nationalparktoren erklären den Weg zu den Plätzen, die meist nicht mehr als sanitäre Anlagen bieten – den Rest (inkl. Wasser) müssen Sie selbst mitbringen. Etwas teurer, aber auch komfortabler sind die Hütten, die es in allen genannten Parks gibt, aber vorab in Nairobi beim KWS gebucht werden müssen (Liste auf der Website). Bei größeren Gruppen rentiert sich die Miete von 60–150 Euro pro Hütte.

▶ Ein idyllisch gelegener Campingplatz ist *Ndololo Camp* in Tsavo East, nicht weit vom Kenderi-Sumpf entfernt. Für 10 Euro kann man hier seine Zelte aufschlagen. Achtung: Nachts laufen immer mal wieder Elefanten durchs Camp. *Infos bei den Rangern am Park Gate*

NAIROBI

WOHIN ZUERST?

Norfolk Hotel (U B2) *(⬚ b2):*
Falls Sie mit dem eigenen Wagen unterwegs sind, können Sie ihn auf dem bewachten Parkplatz gegenüber dem Norfolk Hotel, dem ältesten Haus der Stadt, abstellen. Die Zufahrtsstraße zum Hotel führt Sie zur Innenstadt, die Sie am besten zu Fuß erwandern. Sie wird zur Rechten vom Uhuru Park begrenzt; als Orientierungspunkte dienen das schwarz-weiß geringelte Nation-Hochhaus und das auf der anderen Seite des Zentrums liegende Kenyatta-Konferenzzentrum mit dem höchsten Turm der Stadt.

KARTE IM HINTEREN UMSCHLAG
(130–131 C–D3) (⬚ F–G7) **Obwohl die 3-Mio.-Metropole Nairobi nur 150 km südlich des Äquators liegt, steigt das Thermometer hier selten über 30 Grad. Die angenehmen Temperaturen verdankt die Stadt der Hochlandlage auf 1600 m Höhe.**

Nach Jahren der Vernachlässigung boomt Kenias nicht einmal 110 Jahre alte Hauptstadt wie lange nicht mehr. An allen Ecken und Enden wird gebaut: In Westlands, dem aufstrebenden neuen Zentrum, entsteht derzeit eine glitzernde Skyline aus modernen Hochhäusern. Chinesische Bautrupps errichten im Rekordtempo Autobahnkreuze, Entlastungsstraßen und Stadtautobahnen, um den Dauerstau in Nairobi ein Ende

Bild: Skyline Nairobi

Kenias pulsierendes Herz: Zwischen Kolonialbauten und Armenvierteln werden ständig neue Trends geboren

zu machen. Clubs, Cafés und Shopping-malls drängen sich dicht an dicht. Aber trotz der glitzernden Fassaden: Die Mehrheit der Bevölkerung lebt immer noch in den Armenvierteln wie Kibera oder Mathare, die Touristen selten zu Gesicht bekommen. Hier gibt es keinen Strom, kein Wasser, keine sanitären Anlagen, während in Sichtweite von hohen Mauern umgebene Villen mit Pools von Sicherheitsleuten bewacht werden. Arm und Reich liegen kaum irgendwo sonst so nahe beieinander wie in Nairobi.

Die pulsierende Innenstadt können Sie (tagsüber) getrost zu Fuß erkunden; nach Einbruch der Dunkelheit sind Taxis Pflicht. Für weitere Entfernungen lohnt sich auch tagsüber ein Taxi, günstiger ist eines der Matatu genannten Sammel-taxis. Vergewissern Sie sich vorher bei Mitreisenden, dass es wirklich zum gewünschten Ziel fährt, die Beschriftung ist oft kryptisch. Um in Nairobi selbst Auto zu fahren (Linksverkehr!), braucht man Nerven und viel Mut – wer sich erholen will, ist mit dem Taxi besser beraten.

ARBORETUM ● (0) (_O_)

Nairobis botanischer Garten ist ein perfekter Ort, um sich bei einem Spaziergang vom Chaos der Stadt zu erholen. Am Wochenende treffen sich hier die Einheimischen zu Picknicks und bunten Open-Air-Gottesdiensten. _Tgl., bis Sonnenuntergang | Eintritt frei | Arboretum Drive nahe State House_

Tierpräparate und -skelette im National Museum

AUGUST 7TH MEMORIAL PARK (U E5) (_e5_)

Wo heute ein Park ist, zündeten Anhänger von Osama bin Laden am 7. August 1998 eine Bombe, die die US-Botschaft in Trümmer legte. Mehr als 200 Kenianer, die meisten arglose Spaziergänger, starben. Ihre Namen stehen auf einer Gedenkmauer, ein Kunstwerk aus den Überresten der Botschaft und einer benachbarten Bank erinnert an die Wucht der Detonation. _Tgl. 7–18 Uhr | Ecke Moi Avenue/Haile Selassie Avenue_

KENYATTA TOWER (U D5) (_d5_)

Einen großartigen Blick über Nairobi und – bei klarer Sicht – selbst auf Mount Kenya und Kilimandscharo hat man von der 28. Etage des Kenyatta-Konferenzzentrums. Der Turm, Wahrzeichen Nairobis, ist nicht zu übersehen. _Eintritt ca. 2 Euro | City Hall Way_

INSIDER TIPP ▸ KUONA TRUST (0) (_O_)

Auf dem großzügigen Areal nicht weit vom Präsidentenpalast _(State House)_ haben Künstler ihre Ateliers. Besucher sind willkommen. In dem angeschlossenen Café gibt es wechselnde Ausstellungen, selbst auf dem Rasen sind normalerweise Skulpturen zu sehen. _Tgl. 10–18 Uhr | Likoni Close, off Dennis Pritt Road | www.kuonatrust.org_

NAIROBI NATIONAL PARK ★ (131 D3) (_G7_)

Keine andere Hauptstadt in der Welt hat einen Nationalpark in ihrer Mitte. Zwar wird der Park auf allen Seiten immer mehr zugebaut, doch innen drin merkt man von der Belagerung kaum etwas. Zebras, Antilopen, Krokodile und auch Löwen kann man mit ein bisschen Geduld hier beobachten – im Hintergrund leuchtet die nahe Skyline der Stadt – ein einmaliger Mix. Gerade erst hat im Nationalpark die erste Lodge eröffnet: Das INSIDER TIPP ▸ _Emakoko (10 Zi. | Tel. 0787 33 16 32 | www.emakoko.com | €€)_ liegt nur eine halbe Stunde vom Flughafen entfernt mitten in der Natur, auf einem Kliff über dem Park. _Tgl. 6–18 Uhr | Eintritt US $ 40 | Langata Road | Langata_

NAIROBI RAILWAY MUSEUM (U C6) (_c6_)

Frisch renoviert ist eines der ältesten Museen der Stadt jetzt wieder einen Besuch wert. Hier stehen alte Dampfloks und der Waggon, den Anfang des vergangenen

Jahrhunderts ein menschenfressender Löwe heimsuchte. Nicht nur wegen solcher Zwischenfälle wurde die Bahnlinie von Mombasa bis zum Viktoriasee schnell *Lunatic Line* (verrückte Eisenbahn) genannt. Alte Fotos erinnern an die ersten Jahre Nairobis. *Mo–Sa 8.30–16.30 Uhr | Eintritt ca. 2 Euro | Station Road*

NATIONAL ARCHIVES (U D4) (*m d4*)

Das prächtige Gebäude des Nationalarchivs gegenüber dem Hilton Hotel, einst Zentrale der Bank of India, ist nicht zu übersehen. Drinnen erwartet Besucher, die nicht gezielt forschen möchten, eine bunte Ausstellung von Dokumenten und Fotos aus Kenias Geschichte. *Mo–Fr 8–16 Uhr | Eintritt frei | Moi Avenue*

NATIONAL MUSEUM ⭐ ●
(U A1) (*m a1*)

Der prächtige Neubau zeigt die wertvollen naturkundlichen, ethnografischen und prähistorischen Sammlungen in neuem Licht. In einer separaten Ausstellungshalle sind zudem wechselnde Kunstausstellungen zu sehen. Generalüberholt wurde auch der dem Museum gegenüberliegende *Snake Park,* in dem Mambas, Puffottern und Pythons bewundert werden können. *Tgl. 8.30–17.30 Uhr | Eintritt Museum/Snake Park je ca. 8 Euro, Kombiticket 12 Euro | www.museums.or. ke | Museum Hill*

ONE OFF CONTEMPORARY ART GALLERY ● (O) (*m O*)

In ihrem Haus – selbst ein Kunstwerk, das einer Hobbithöhle gleicht – hat Carol Lees Werke namhafter Gegenwartskünstler versammelt. Zusätzlich zu ihrem einmaligen Bestand veranstaltet die ehemalige Kuratorin des geschlossenen Ramoma-Museums monatlich wechselnde Ausstellungen. Hier dürfen Sie auch kaufen, müssen Sie aber nicht.

Di–So 11–17 Uhr | Rosslyn Lone Tree 17 (hinter Village Market)

PARLIAMENT (U C6) (*m c6*)

Am südlichen Ende der Innenstadt erstreckt sich das Parlamentsgebäude mit seinem auffälligen Uhrenturm. Die Sitzungen können von der Besuchertribüne aus verfolgt werden, allerdings nur nach Anmeldung *(Tel. 020 2 84 80 00, 020 2 22 12 91)*. Direkt neben dem Gebäude brennt am Grabmal von Gründungspräsident Jomo Kenyatta ein ewiges Feuer. *Parliament Road*

ESSEN & TRINKEN

INSIDER TIPP ▶ **AMAICA RESTAURANT** ●
(O) (*m O*)

Restaurant mit authentisch kenianischer Küche: Hier können Sie getrost Ugali,

---

⭐ **National Museum**
Frisch renovierter, prächtiger Neubau mit Ausstellungen rund um Kenia und seine Geschichte
→ S. 63

⭐ **Carnivore**
Ziege, Kamel und Strauß: In Kenias beliebtestem Urlauberlokal wird Fleisch großgeschrieben
→ S. 64

⭐ **Karen-Blixen-Haus**
In der Farm am Fuß der Ngong-Berge lebte die dänische Baronin Blixen, bekannt aus „Jenseits von Afrika" → S. 71

⭐ **Nairobi National Park**
Ein Stück Wildnis mitten in Kenias Hauptstadt: vorne Nashorn, hinten Skyline → S. 62

MARCO POLO HIGHLIGHTS

Matoke und viele andere Landesspezialitäten zu günstigen Preisen kosten. Vor allem mittags und am Wochenende ist das großzügige, rustikale Lokal gut besetzt. Kinder können sich auf einem riesigen Spielplatz austoben, während die Eltern noch essen. *Tgl. | Getathuru Gardens, off Peponi Road (hinter Spinners Web) | Tel. 020 4 18 36 38 | €*

INSIDER TIPP BRIDGES ORGANIC HEALTH RESTAURANT ☺ (U B4) *(ω b4)*
Das gibt es nur hier: authentische kenianische Küche mit Zutaten aus biologisch-organischem Anbau. Viele (nicht alle) Gerichte sind sogar vegetarisch. Mittags, wenn Angestellte aus den nahen Büros hierher strömen, ist es oft schwer, einen Platz zu bekommen. *Tgl. | Trust Mansion Building | Tubman Road, off Koinange Street | Downtown | Tel. 020 2 23 05 78 | €*

CARNIVORE ★ *(O) (ω O)*
Der Name ist Programm: Hier schneiden Kellner das brutzelnde Fleisch von Spießen direkt auf den Teller. Die Zeiten, als Krokodil oder Antilope serviert wurde, sind (aus Naturschutzgründen) vorbei. Eine weniger touristische Alternative ist der *Simba Saloon* eine Tür weiter, wo die Kenianer saftige Steaks zu sich nehmen. Sa Livemusik und Disko. *Tgl. | Langata Road, hinter Wilson Airport | Tel. 020 60 27 86 | €€*

FURUSATO *(O) (ω O)*
An den Tepanyaki-Tischen bei Nairobis bestem Japaner bereitet der Koch auf der heißen Tischplatte vor Ihren Augen und nach Wunsch Fisch, Krabben, Straußenfilet und andere Köstlichkeiten zu. Wer eher Sushi mag, kann sich getrost aus der großen Auswahl bedienen: Was am Abend an der Sushibar zubereitet wird, wurde meist noch am selben Tag aus dem Meer gezogen. Am Wochenende reservieren! *Tgl. | Ring Road Parklands | Westlands | Tel. 020 4 44 25 08 | €€*

JAVA COFFEE HOUSE *(O) (ω O)*
Kaffeespezialitäten aus selbst geröstetem Kaffee und Burger, Steaks und Fish 'n' Chips stehen im Mittelpunkt der ke-

Das Carnivore ist berühmt für seine üppigen Fleischgerichte

nianischen Kette. *ABC Place | Westlands; Adams Arcade | Ngong Road; Mama Ngina Street; Limuru Road | Gigiri; Sarit Centre | Westlands; jeweils €*

OPEN HOUSE (0) (*ॼ 0*)

Von außen unscheinbar, ist das *Open House* eines jener indischen Restaurants, die auch von Kenias kritischer indischstämmiger Bevölkerung besucht werden. Nordindische Tandoorigerichte aus dem Lehmofen gibt es hier ebenso wie die scharfe Küche Südindiens mit Biryanis und Currys. *Tgl. | Centro House | Westlands | Tel. 020 4 44 59 02 | €€*

OSTERIA DEL CHIANTI (0) (*ॼ 0*)

Italiener mit großer Auswahl an Steinofenpizzen, selbst gemachter Pasta sowie Fisch- und Fleischgerichten. Abends sind es nach dem Essen nur ein paar Schritte in die benachbarte Cocktailbar *Casablanca.* Die Osteria hat auch Zweigstellen im Village Market *(Gigiri)* und in Karen. *Tgl. | Lenana Road | Tel. 020 2 72 31 73 | €€*

PANGO (0) (*ॼ 0*)

Eines der besten Restaurants der Stadt. Hier wird aufs kleinste Detail geachtet: Die von der französischen Küche beeinflussten Gerichte sind innovativ und aus besten saisonalen Zutaten zubereitet. *Tgl. | im Fairview Hotel | Bishops Road | Upper Hill | Tel. 020 2 71 13 21 | €€€*

INSIDER TIPP ▶ LE RUSTIQUE (0) (*ॼ 0*)

Der weite, gemütliche Garten steht im Mittelpunkt des Cafés. Einmal die Woche, am Mittwochabend, bittet das *Rustique* zum Candlelight-Dinner mit Lagerfeuer – unbedingt vorher anmelden. Die Karte mit mediterran angehauchten Gerichten wechselt wöchentlich. An den Wänden hängen Bilder kenianischer Künstler. *Tgl. | General Mathenge Road | Westlands | Tel. 020 3 75 30 81 | €€*

INSIDER TIPP ▶ SEVEN SEAFOOD & GRILL (0) (*ॼ 0*)

Grandioser Neuzugang in Kenias Restaurantszene: Hier gibt es den frischesten Fisch und die frischesten Meeresfrüchte, modern und genial einfach zubereitet. Auch wer Fleisch bevorzugt, bekommt 1a-Qualität, knusprig geröstet auf dem Grill. *Tgl. | ABC Place | Waiyaki Way | Tel. 0737 77 66 77 | €€€*

ZEN GARDEN (0) (*ॼ 0*)

Thaiküche in authentischer Umgebung: Garten und Häuser sind gestaltet wie eine moderne Tempelanlage. Neben einem *Teehaus (10–19 Uhr)* werden im *Bamboo-Restaurant* außer Thaicurrys auch Sushi und chinesische Wantan frisch zubereitet. *Tgl. | Lower Kabete Road | Westlands | Tel. 020 8 03 44 45, 0714 74 42 31 | €€*

TAXI

Verlässliche Ruftaxis sind *Jimcab (Tel. 020 7 12 03 44)*, *Jatco (Tel. 020 4 44 81 62)* und die Hybridmotortaxis von 🌿 *ecoCabs (Tel. 0734 23 66 98)*. INSIDER TIPP ▶ Patrick Wachira *(Tel. 0733 79 63 37)* ist ein zuverlässiger Taxifahrer, der Flughafentransfers und auch Überlandfahrten (im PKW oder im Safaribus) organisiert.

EINKAUFEN

CITY MARKET (U C4) (*ॼ c4*)

In Nairobis Markthallen tobt das Leben: Morgens wird hier frischer Fisch von der Küste angeliefert, der an Restaurantbesitzer und feilschende Köche verkauft wird. Auch Gemüse, Obst und Gewürze werden hier feilgeboten, ebenso wie Stoffe, Tücher und – in einem abgetrennten Bereich – Körbe, Holz- und Specksteinschnitzereien. Handeln ist Pflicht, und man tut gut daran, auf Geldbörse

Prächtige Farben sind in: Händlerinnen auf dem Massai-Markt

und Handtasche besonders gut aufzupassen. *Koinange Street | Innenstadt*

HOUSE OF TREASURES (0) *(M O)*
Tatsächlich ein Haus voller Kostbarkeiten: Afrikanische Möbel stehen hier neben Skulpturen, Geschnitztes neben raffinierten Leuchten aus Sansibar. Die Preise sind hoch, aber die Auswahl ist für Nairobi einmalig. *Dagoretti Road 70 | Karen*

MASSAI-MARKT (0) *(M O)*
Auf bunten Teppichen legen die Massaihändler ihre Waren aus: von Schnitzereien über Schmuck, Tücher und Taschen bis zu Souvenirs aller Art. Achtung: Hier muss man kräftig handeln! *Di im Westgate | Westlands; Fr im Village Market | Gigiri*

INSIDER TIPP ▶ SANDSTORM (0) *(M O)*
Die kenianische Manufaktur hat sich auf Produkte aus Segeltuch spezialisiert, außer Zelten gibt es Reise- und Handtaschen. Seit einigen Jahren ist eine edle

Linie aus Rinds- und Kamelleder dazugekommen. Die Verarbeitung ist erstklassig, die Preise sind im Vergleich zu Europa günstig. *Village Market | Gigiri*

SHOPPING MALLS
In den modernen Einkaufszentren, in denen die kenianische Mittelschicht ihr hart verdientes Geld ausgibt, gibt es neben Kenias Supermarktketten *Uchumi* und *Nakumatt* auch Kinos und Läden aller Art: *Junction (Ngong Road), Sarit Centre (Westlands), Westgate (Westlands), Village Market (Gigiri)* und *Yaya Centre (Argwings Kodhek Road)*

SPINNERS WEB ☺ (0) *(M O)*
Hier gibt es Kunsthandwerk von fair bezahlten Werkstätten und Kooperativen aus dem ganzen Land zu Festpreisen, liebevoll ausgestellt in einem großzügigen Herrenhaus. Auch gut, um ein Gefühl für Preise auf den Märkten zu entwickeln. *Getathuru Gardens, off Peponi Road | Westlands*

THE BOOK CENTER (0) (ᗰ 0)

Gute Auswahl an Landkarten, afrikanischen Büchern und Reiseführern. *Sarit Center | Westlands*

FREIZEIT & SPORT

GOLF

Gleich mehrere Golfplätze gibt es in der Hauptstadt; womöglich treffen Sie beim Spiel auf den Präsidenten:

– *Karen Country Club | Karen Road | Karen* (0) (ᗰ 0) *| Tel. 020 88 40 89 | www.ka rencountryclub.org*

– *Muthaiga Golf Club | Kiambu Road | Muthaiga* (0) (ᗰ 0) *| Tel. 020 2 36 84 40*

– *Windsor Golf and Country Club | Garden Estate | Kigwa Road* (0) (ᗰ 0) *| Tel. 020 8 56 23 00*

MASSAGE

Nichts tut so gut gegen Großstadtstress wie ein Besuch im Spa: Von der Kopfmassage bis hin zum ganztägigen Wohlfühlprogramm ist alles drin; die Preise sind deutlich niedriger als in Europa.

– ● *Wild Earth Spa | Peponi Road | Westlands* (0) (ᗰ 0) *| Tel. 020 3 00 72 64, 0722 77 55 05*

– *Aromatics Spa | 101 Manyani East Road (off James Gichuru Road) | Kilimani* (0) (ᗰ 0) *| Tel. 0722 42 59 05 | www. aromaticsspa.com*

INSIDER TIPP ▶ PFERDERENNEN
(0) (ᗰ 0)

Beim *Jockeyclub of Kenya* scheint die Zeit stehen geblieben zu sein: So wie die Herrschaften hier am Sonntagnachmittag Rennen begutachten und Wetten abgeben, hat es wohl schon Karen Blixen gemacht. *Meist jeden 4. So im Monat, keine Rennen im Aug./Sept. | Ngong Road | Eintritt ca. 1 Euro | Tel. 0722 41 45 98 | www.jockeyclubofkenya.com*

AM ABEND

BLACK DIAMAND CLUB (0) (ᗰ 0)

Angesagte Bar mit jungem Publikum, das sich vor allem am Wochenende bis in die frühen Morgen hier zum Tanzen trifft. Wochentags ist es deutlich ruhiger, außer Di, wenn Karaoke angesagt ist. Do gibt es regelmäßig Livekonzerte (kostenlos). *Mpaka Road | Westlands | Tel. 0724 59 23 56*

LOW BUDGET

▶ *Upper Hill Campsite and Backpackers* ist *der* Treffpunkt für Backpacker und Overlander, aber auch für andere preisbewusste Reisende. Auf dem Gelände rund um ein altes Kolonialhäuschen kann man für gerade einmal 3 Euro campen; EZ ab 15 Euro. *Othaya Road | Lavington | Tel. 020 6 75 02 02 | www. upperhillcampsite.com*

▶ *Milimani Backpackers* ist eine Mischung aus Jugendherberge und Zeltplatz mit Übernachtung im Mehrbettzimmer ab 5 Euro. Abends tauschen Rucksackreisende am Lagerfeuer Tipps aus. *Milimani Road | Milimani | Tel. 020 2 72 48 27 | www. milimanibackpackers.com*

▶ Tagsüber spricht nichts dagegen, wie die Kenianer mit den Matatu-Minibussen durch die Stadt zu fahren – vorausgesetzt, man weiß, wohin man fährt. Die Stadtkarte *The Nairobi Public Service Vehicle Map* gibt es in allen gut sortierten Buchläden für 5 Euro zu kaufen; in ihr sind alle Matatu-Linien mit Nummern eingetragen.

CASABLANCA (0) *(🗺 O)*

In dem einer marokkanischen Kasbah nachempfundenen Club genießt man auf Diwanen oder einem Stapel gemütlicher Kissen lagernd Cocktails zu leiser Loungemusik – oder alternativ am aufgeschütteten Sandstrand rund ums Lagerfeuer. Wer's mag, kann hier auch eine `INSIDER TIPP` Shisha bestellen. Die arabischen Wasserpfeifen sind in Nairobi der letzte Schrei. *Off Lenana Road | Kilimani | Tel. 020 2 72 31 73*

CLUB SOUNDD ● (U C4) *(🗺 c4)*

Coole Location in Nairobis Innenstadt, in der es außer Musik und Drinks auch immer wieder Kulturveranstaltungen gibt: z.B. das Open Mic der Literaturgruppe Kwani. *Kaunda Street | Downtown | kein Tel.*

GYPSY BAR (0) *(🗺 O)*

Partylocation der über Dreißigjährigen. Hier wird jeden Tag bis spät in die Nacht getrunken und gefeiert. *Woodvale Grove (nahe Barclays Bank) | Westlands | Tel. 020 4 44 09 64*

KINOS

– *Fox Cineplex | Sarit Centre (2. Etage) | Westlands* (0) *(🗺 O)*
– *20th Century | Mama Ngina Street | Innenstadt* (U D4) *(🗺 d4)*
– *Century Cinemaxx Prestige Plaza | Ngong Road* (0) *(🗺 O)*
– *Nu Media Kinos | Westgate | Westlands* (0) *(🗺 O)*
– *Starflix Kinos | Village Market | Gigiri* (0) *(🗺 O)*
Eintritt ca. 3–10 Euro

KLUB HOUSE 1 (0) *(🗺 O)*

Afrikanische Musik (DJ und live), lockeres Dekor und eine immer gut gelaunte Gästeschar machen das *K1* zu einem der Orte, wo man gelassen die Nacht durch-

tanzen kann. *Ojijo Road | Parklands | Tel. 020 3 74 98 70*

MERCURY LOUNGE (0) *(🗺 O)*

Moderne Yuppiebar mit viel Chrom, Stahl und Glas. Zur großen Auswahl von Cocktails und Tapas dröhnt elektronische Musik aus den Lautsprechern. *ABC Place, off Waiyaki Way | Westlands | Tel. 020 4 44 18 97*

`INSIDER TIPP` **TAMAMBO TAPASBAR** (0) *(🗺 O)*

Versteckt in einem hinteren Winkel der Village-Market-Mall verbirgt sich der Treffpunkt für Jazz- und Funk-Liebhaber. Freitags und samstags gibt es gute Live Acts. *Village Market | Gigiri | Tel. 020 7 12 40 05*

ÜBERNACHTEN

`INSIDER TIPP` **COUNTRY LODGE** 🌀 (0) *(🗺 O)*

Günstiger Ableger des Fairview-Hotels, gut gelegen und im Preis-Leistungs-Verhältnis konkurrenzlos. Wifi. *60 Zi. | 2nd Ngong Road | Upper Hill | Tel. 020 2 88 16 00, 020 2 88 15 96 | www.countrylodge.co.ke | €*

FAIRVIEW HOTEL (0) *(🗺 O)*

Hotel im Kolonialstil, umgeben von Jakarandas und einer weitläufigen Gartenlandschaft. Zehn Fußminuten zur City. *96 Zi. | Bishops Road | Upper Hill | Tel. 020 2 71 13 21 | www.fairviewkenya.com | €€*

HOLIDAY INN NAIROBI MAYFAIR COURT (0) *(🗺 O)*

Angenehmes Hotel mit viel Grün, dennoch nicht weit vom Zentrum von Westlands entfernt. Pool, Fitnesscenter, Restaurant. *171 Zi. | Parklands Road | Parklands | Tel. 020 3 74 09 20 | www.holidayinn.com/nairobi | €€*

LENANA MOUNT HOTEL (0) (*m 0*)

Simples Hotel mit sauberen Zimmern, nicht weit von der Innenstadt. *50 Zi. | Ralph Bunche Road | Milimani | Tel. 020 2 71 70 44, 0723 97 01 65 | www.lenana mounthotel.com | €*

NORFOLK HOTEL ● (U B2) (*m b2*)

Das traditionsreichste Hotel der Stadt wurde 1904 eröffnet. Hier übernachteten schon Roosevelt, Churchill und Hemingway, ebenso wie Karen Blixen und Barack Obama. Auf der Lord-Delamere-Terrasse wird feinster britischer High Tea serviert. *140 Zi. | Harry Thuku Road | Tel. 020 2 21 69 40 | www.fairmont.com/nor folkhotel | €€€*

OLE SERENI HOTEL (0) (*m 0*)

Neues Großhotel unter indischer Leitung, günstig zwischen Innenstadt und Flughafen gelegen. Von der Dachterrasse schaut man in den Nairobi-Nationalpark. *134 Zi. | off Mombasa Road | Tel. 020 3 90 10 00 | www.ole-serenihotel.com | €€*

SAFARI PARK HOTEL (0) (*m 0*)

Riesige Ferienanlage am Stadtrand, die keine Touristenwünsche offen lässt: Pool, Tennisplätze, Kasino, Animationsprogramme, Disko. *204 Zi. | Thika Road | Nairobi | Tel. 020 3 63 30 00 | www.safa ripark-hotel.com | €€€*

INSIDER TIPP ▶ SANKARA NAIROBI (0) (*m 0*)

Nairobis neuester Hotelpalast im Zentrum von Westlands: Moderne Zimmer, großzügige Spa-Anlagen, ein modernes Design mit viel Licht und die erstklassigen Restaurants sorgen für ein traumhaftes Hotelerlebnis. *156 Zi. | Woodvale Grove | Westlands | Nairobi | Tel. 020 4 20 80 00 | www.sankara.com | €€€*

TRIBE (0) (*m 0*)

Businesshotel mit kabellosem Internet, Konferenzräumen und plüschigen, luxuriös ausgestatteten Zimmern. Der wahre Hit ist aber die Lage gleich neben dem Village Market, einem der größten Ein-

Modern, komfortabel, zentral: Hotel Tribe am Village Market

Wildromantische Szenerie: Wasserfälle des Athi River bei Thika

kaufszentren der Stadt. *142 Zi. | Village Market | Gigiri | Tel. 020 72 00 00 00 | www.africanpridehotels.com/tribe | €€€*

AUSKUNFT

Was wann los ist, erfährt man aus den Tageszeitungen, der wöchentlich erscheinenden Gratiszeitung *Kenya BUZZ (www.kenyabuzz.com)* und dem jungen Stadtmagazin *up (www.upnairobi.com)*. Die beiden Letzteren liegen kostenlos in Cafés und Einkaufszentren aus.

FREMDENVERKEHRSBÜRO
(U B4) (*b4*)
Utalii House | Uhuru Highway | Tel. 020 31 30 10

ZIELE IN DER UMGEBUNG

AFRICAN HERITAGE HOUSE ●
(130 C3) (*F–G7*)
Das Haus des Kunstsammlers Alan Donovan ist schon von außen selbst ein Kunstwerk: Die interessante Lehmarchitektur ist westafrikanischen Traditionen nachempfunden. Drinnen hütet Donovan eine beeindruckende Sammlung von afrikanischer Kunst und Kunsthandwerk. Von der Dachterrasse blickt man direkt in den Nairobi-Nationalpark. Auf Voranmeldung kann man das Haus besuchen, die Kunstsammlung besichtigen, sich mit dem Hausherrn unterhalten oder auch zu Mittag essen, auch Übernachtungen sind möglich *(€€). Tel. 0721 51 83 89 | ahalan@africaonline.co.ke*

ATHI RIVER/FOURTEEN FALLS
(131 E2) (*G–H7*)
Vor den Toren Nairobis – ca. 60 km sind es bis zu den Fällen – bildet der Athi River eine wildromantische Landschaft mit vierzehn hintereinander liegenden Wasserfällen. Am Wochenende ein beliebter Treffpunkt für Kenianer und Expats, die hier picknicken. *Ab Thika 12 km in Richtung Garissa, dann der Ausschilderung folgen*

BOMAS OF KENYA (130 C3) (*m F7*)

Das Freilichtmuseum vermittelt einen Eindruck von der ethnischen Vielfalt Kenias: Hier können Sie die Hütten diverser Stämme besichtigen und mit den „Bewohnern" ins Gespräch kommen. Massai in Kriegsschmuck etwa lassen sich hier – anders als im Rest des Landes – gern fotografieren. Mo–Fr ab 14.30 Uhr (Sa/So 15.30 Uhr) legen sie auch eine Tanzvorführung ein. *Langata Road | Langata | tgl. 9.30–18 Uhr | Eintritt ca. 6 Euro*

KAREN-BLIXEN-HAUS ★
(130 C3) (*m F7*)

Das Haus, in dem die dänische Baronin Karen Blixen 17 Jahre lang als Kaffeefarmerin verbrachte, wurde durch die Verfilmung ihrer Autobiografie als „Jenseits von Afrika" weltberühmt. Im Haus und im Garten am Fuß der Ngong-Berge bekommt man ein Gefühl dafür, wie hart das Leben der Siedler Anfang des vergangenen Jahrhunderts gewesen ist. Übrigens: So bekannt ihr Leben im Ausland ist, in Kenia kennt kaum jemand Blixen oder ihre Geschichte. *Karen Road | Karen | tgl. 9.30–18 Uhr | Eintritt ca. 8 Euro*

NGONG-BERGE ☀ (130 C3) (*m F8*)

Von den Hügeln, die aus der Ferne aussehen wie Fingerknöchel (das bedeutet *Ngong* in der Sprache der Massai), genießt man einen atemberaubenden Ausblick ins Rift Valley, den ostafrikanischen Grabenbruch. Bei klarer Sicht kann man von hier sogar den Gipfel des gut 300 km entfernten Kilimandscharo sehen. Die Anfahrt (20 km von Nairobis Zentrum) ist unproblematisch. Für die Wanderung selbst ist es aber nötig, einen bewaffneten Polizisten (an der Eintrittsbarriere gegen geringen Betrag) mitzunehmen: Es hat hier schon häufiger Überfälle gegeben.

INSIDER TIPP ▶ TOGI FARM
(130 C2) (*m F7*)

Kenia ist die größte Tee-Exportnation der Welt. Wer sehen will, wie die Teepflanzen gehegt, die Blätter geerntet und verarbeitet werden, kann das auf der *Togi Farm* der Familie Shaw, die hier seit 100 Jahren Tee kultiviert. Auf einen ausführlichen Rundgang folgt ein Mittagessen. *Limuru (45 Min. von Nairobi) | Tel. 020 3 00 29 31, 0733 75 05 39*

SICHERHEIT

Der Ruf von Nairobi, das von Einheimischen und vielen Urlaubern der zahlreichen Überfälle wegen zynisch „Nairobbery" genannt wird, ist schlimmer als die Wirklichkeit. Die meiste Kriminalität spielt sich in Vierteln ab, die Urlauber nie betreten – und, wie in anderen Ländern auch, in den eigenen vier Wänden. Trotzdem ist es wichtig, einige Vorsichtsmaßnahmen zu beherzigen. Streifen Sie vor allem abends nicht ziellos umher, sondern überlegen Sie sich vorher, wohin Sie wollen. Die goldene Uhr oder die dicke Brieftasche bleibt am besten im Hotel – tragen Sie ein paar Scheine, auch kleine, griffbereit in der Hosentasche. Einige Viertel sollten Sie meiden: die River Road, an deren Ende sich die Matatu genannten Kleinbusse drängeln; den Uhuru-Park nach Einbruch der Dunkelheit, Slums und Armenviertel sowieso. Wenn doch etwas schiefgeht: Machen Sie widerstandslos, was die Täter von Ihnen verlangen.

DER SÜDWESTEN

Der Südwesten ist Kenias Safariland: Wer wegen der Tierwelt nach Kenia gekommen ist, kommt um die Massai Mara nicht herum. Zu ihren Stars gehören Löwen, die sich in der lichten Savanne faul die Sonne auf den Pelz scheinen lassen, und Geparden, die in Turbogeschwindigkeit Antilopen zu Fall bringen. Das Rift Valley lockt mit atemberaubenden Panoramen. Nicht mal eine Stunde von Nairobi entfernt geht es abrupt in die Tiefe. Der große Grabenbruch zieht sich über 6000 km vom Toten Meer bis nach Mosambik. Seit 18 Mio. Jahren bewegen sich hier zwei Landmassen auseinander – die Folge ist vulkanische Aktivität, die im Rift Valley bis heute anhält. Kenia teilt der fast 500 km lange Graben von Nord nach Süd. Mittendrin liegen Kenias gro-

ße Seen. Die meisten sind mit alkalischer Lauge anstatt mit Frischwasser gefüllt. Malerische Vulkankegel erheben sich aus der Talsohle. Weiter westlich beginnt das Teeland: Endlose Plantagen beherrschen die Szenerie, unterbrochen vom Kakamega-Wald, dem letzten Rest von Kenias einst üppigen tropischen Regenwäldern. Ganz weit im Westen erstreckt sich Kenias zweite Küste am riesigen Viktoriasee, dem größten See des Kontinents.

KISUMU

(128 C1) (🗺 B5) Die gemütliche Stadt am Kavirondo-Golf, einem Ausläufer des Viktoriasees, ist Zentrum und Tor zum dicht besiedelten Westen Kenias.

Bild: Safarijeep in der Massai Mara

Mehr als eine halbe Million Menschen leben hier, viele von ihnen als Fischer, die jeden Tag in den Golf oder auf den offenen See hinausfahren.

Entlang der Oginga Odinga Road gibt es die meisten Geschäfte. Lebendig geht es auf dem Markt am See-Ende zu, wo die Fischer ihren Fang anlanden. Die in Kisumu lebenden Luo, Kenias drittgrößte Volksgruppe, sind bis heute ihren Traditionen eng verbunden. Jeder Luo muss nach dem Tod in seinem Heimatdorf begraben werden, damit sein Geist nicht die Familie verfolgt. Und in entlegenen Fischerdörfern hat der Zauberheiler bis heute mehr Einfluss als der gewählte Bürgermeister. Malaria ist rund um den Viktoriasee so verbreitet wie nirgends sonst in Kenia. Sie sollten sich unbedingt vor Stichen schützen und womöglich für Prophylaxe sorgen. Im See baden sollte man nicht, das Wasser ist fast überall mit Bilharziose verseucht.

Ein Nachtzug verbindet Nairobi und Kisumu (Fahrtzeit ca. 12 Std.); etwas schneller geht es mit den Bussen, die allerdings gerade auf dieser Strecke für ihre rücksichtslose Fahrweise (und viele Unfälle) berüchtigt sind. Am schnellsten kommt man mit dem Flugzeug nach Kisumu. Der kleine Flughafen wird mehrmals täglich angeflogen.

KISUMU MUSEUM

Die kleine, aber sehenswerte Ausstellung informiert über Kultur und Alltag der Luo und anderer Volksgruppen der Region. *Tgl. 8.30–18 Uhr | Eintritt ca. 5 Euro | Nairobi Road*

Straßenszene in Kisumu, der lebhaften Stadt am Viktoriasee

SEHENSWERTES

HIPPO POINT ☼

Wenn die Sonne im See versinkt, kann man ihr an dieser ausgeschilderten Stelle südlich der Stadt (nahe Sunset Hotel) dabei zusehen – und einen Sundowner zu sich nehmen, denn die Terrasse mit Ausblick gehört zu einem kleinen Restaurant direkt am Ufer. Manchmal tummeln sich hier auch Flusspferde im Wasser.

INSIDER TIPP ▶ IMPALA SANCTUARY

Kleiner Park am Rand des Viktoriasees, der Spaziergängern eine Verschnaufpause von der lauten Stadt bietet. Im Park laufen Impalas frei herum, im nahen *Kiboko Bay Resort* kann man den Blick auf den See genießen. *Parkeintritt 15 US $*

ÜBERNACHTEN

IMPERIAL HOTEL

Viel Plüsch und 70er-Jahre Charme, aber immer noch das erste Haus am Platz. *120 Zi. | Jomo Kenyatta Highway | Tel. 057 2 02 22 11 | www.imperialkisumu.com | €*

SUNSET HOTEL

Fünfstöckiges ehemaliges Staatshotel mit Blick auf den See. *50 Zi. | Jomo Kenyatta Highway | Tel. 057 2 02 21 74 | €*

ZIELE IN DER UMGEBUNG

KAKAMEGA NATIONAL PARK ★

(124 C5) (∅ B–C4)

Umgeben von Farmland erhebt sich nur anderthalb Autostunden von Kisumu entfernt majestätisch Kenias letzter Rest eines Regenwaldgürtels, der sich einst vom Kongobecken bis tief nach Kenia hinein erstreckte. Von Nairobi aus gibt es mehrmals wöchentlich direkte Flüge mit *Fly540 (s. Praktische Hinweise, Inlandsflüge, S. 113)*. In den Hunderte von Jahren alten Baumriesen leben sieben verschiedene Affenarten, unter ihnen der imposante, schwarz-weiß gefärbte Colobus und der Potto, ein nachtaktiver Faulnasenaffe, der sich von Baum zu Baum schwingt. Mehr als 400 Schmetterlingsarten leben ebenso im Kakamega wie über 350 Vogelarten. Am schönsten ist ein Besuch zwischen April und Juli, wenn es überall grünt und blüht. Mitten im Wald liegt das verwunschene *Rondo Retreat (18 Zi. | Tel. 056 3 02 68 | www. rondoretreat.com | €)*, eine komfortable Unterkunft. *Parkeintritt 25 US $*

KOGELO ⭐ (124 B6) (*∅ B5*)

Das kleine Dorf Kogelo ist Kenias neueste Touristenattraktion: Hier ist der Vater von Barack Obama geboren und begraben, und Sarah, die Großmutter des ersten schwarzen US-Präsidenten, lebt hier bis heute. Die bescheidene alte Dame bestellt tagsüber ein kleines Maisfeld, wenn nicht gerade wieder eine internationale Delegation vorbeischaut. Um unliebsame Besucher zu vertreiben, hat die Polizei eine Leibgarde an ihrem Tor abgestellt. Zu sehen gibt es vor allem für diese Region typisches Dorfleben und Schulen, Hütten und Ziegen (!), die nach Obama benannt sind. Wer sich Zeit nimmt und mit den Bewohnern ein Senator-Bier teilt, wird zudem viele Geschichten von Obamas zahlreichen Besuchen in Kogelo hören. Ein Besuch in Kogelo ist vom Kisumu aus ein perfekter Tagestrip: Egal, welchen Taxifahrer Sie fragen, den Weg ins gut zwei Stunden entfernte Kogelo kennt mittlerweile jeder.

RUSINGA ISLAND (128 A2) (*∅ A5*)

Strandurlaub einmal anders: Die kleine Insel im Viktoriasee ist nicht nur für Angler einen Besuch wert, die von hier aus Nilbarsch und Tilapia angeln gehen können, auch Strandurlauber kommen auf ihre Kosten. Touristen wohnen in der **INSIDER TIPP** *Rusinga Island Lodge (7 Zi. | Tel. 020 2 53 13 14 | www.rusinga.com | €€€)*, einer luxuriösen Unterkunft, die den besten Strandhotels in nichts nachsteht. Auf Rusinga befindet sich zudem eine prähistorische Ausgrabungsstätte, wo Mary Leakey den Schädel des Proconsul Africanus, eines Vorfahren des Menschen, der vor drei Millionen Jahren lebte, entdeckt hat. Eine Statue ehrt Tom

MARCO POLO HIGHLIGHTS

⭐ Massai Mara
Löwen, Leoparden und Geparden: In Kenias berühmtestem Nationalreservat warten die Big Five und vieles mehr → S. 79

⭐ Lake Nakuru
Ein Traum in Rosa: Der Nationalpark ist die Heimat Tausender Flamingos und zahlreicher Nashörner → S. 78

⭐ Kakamega National Park
Ein Stück Regenwald: In uralten Baumriesen hausen Affen, dazwischen flattern seltene Schmetterlinge → S. 74

⭐ Kogelo
Heimatdorf von Kenias berühmtestem Sohn: Barack Obamas Oma lebt bis heute hier → S. 75

Mboya, einen der prominentesten Luo-Politiker, der 1969 unter bis heute ungeklärten Umständen in Nairobi ermordet wurde.

KITALE

(125 D2) *(ᗰ C2)* **Am Fuß des mächtigen Mount Elgon, eines erloschenen Vulkans, liegt die kleine, von weißen Siedlern errichtete Siedlung.**
Fly540 fliegt Kitale von Nairobi aus mehrmals wöchentlich an. Die kleine Stadt ist das Tor zu zwei nahen, wenig besuchten Nationalparks.

ÜBERNACHTEN

KITALE CLUB
Das Clubhaus des Golfclubs von Kitale aus den 1930er-Jahren versprüht bis heute einen einmaligen, kolonialen Charme. Die 18 Löcher sind bespielbar. *16 Zi. | Eldoret Road | Tel. 054 3 13 38 | €*

ZIELE IN DER UMGEBUNG

MOUNT ELGON NATIONAL PARK
(124 B–C2) *(ᗰ B2)*
Die verwunschene Wildnis wird nur von ein paar Dutzend Urlaubern pro Jahr besucht. 40 km von Kitale entfernt ist das *Chorlim Gate;* von hier startet man mit einem Ranger in den Park. Ein Marsch auf Elefantenpfaden durch Bambusdickicht und Gehölz führt u.a. zur *Kitum Cave,* einer Höhle, in der sich nachts die Elefanten sammeln, um das hier natürlich vorkommende Salz aufzulecken. *Parkeintritt 25 US $*

INSIDER TIPP SAIWA SWAMP NATIONAL PARK *(125 D2)* *(ᗰ C2)*
Nur eine halbe Stunde Fahrt von Kitale entfernt liegt Kenias kleinster Nationalpark. Die einsame Sumpflandschaft lässt sich bequem zu Fuß erwandern. Von den Pfaden und den vier Aussichtstürmen kann man die seltene Sitatunga-Antilope beobachten. *Parkeintritt 20 US $*

In der Kitum Cave treffen sich nachts die Elefanten, um Salz aus dem Fels zu lecken

LAKE MAGADI

(130 B4–5) (*ﾙ E8–9*) **Eine Szenerie wie auf einem fremden Planeten: Nur anderthalb Autostunden von Nairobi entfernt liegt der zweitgrößte Sodasee der Welt. Statt Wasser bedeckt eine im heißen Sonnenlicht weiß-rosa flirrende, dicke Kruste die flache Seepfanne.**

So heiß wie hier ist es fast nirgends sonst in Kenia: 40 Grad sind keine Seltenheit. Das meiste Seewasser verdampft deshalb, übrig bleibt Soda, das hier im großen Stil abgebaut wird. Die Arbeit ist hart, aber lukrativ: Wer eine Stelle bei *Magadi Soda* antritt, verdient gut und wohnt in einem der modernen Reihenhäuser, an denen man auf dem Weg zum See vorbeifährt. Ein Damm führt sicher über die unwirkliche Oberfläche. Von hier aus lassen sich Pelikane und Flamingos auf den spärlichen Wasserflächen beobachten.

LODGE

INSIDER TIPP▶ LOISIIJO LODGE SHOMPOLE (130 B5) (*ﾙ E9*)
Die nur aus Naturmaterialien gebauten Hütten im anderthalb Stunden entfernten Nguruman-Escarpment sind nach außen offen – näher kann man der Natur nicht sein. Die Lodge gehört den lokalen Massai. *8 Zi. | Tel. 020 353 33 38 | www. loisiijolodgeshompole.org | €€*

ZIEL IN DER UMGEBUNG

OLORGESAILIE ● (130 B4) (*ﾙ F8*)
Auf halber Strecke zwischen Nairobi und dem Magadisee befindet sich die prähistorische Fundstelle von *Olorgesailie,* wo Mary und Louis Leakey bereits in den 1940er-Jahren sensationelle Überreste und Werkzeuge des Homo erectus fanden. Vor 200 000 Jahren befand sich hier ein See, an dessen Ufer zahlreiche Tiere und Vorfahren des Menschen lebten. Bis heute wird hier gegraben, die Arbeit können Sie von Stegen aus beobachten. Im angeschlossenen Museum werden die Zusammenhänge erklärt. Neben der Ausgrabungsstätte stehen mehrere *Bandas* (Hütten), die günstig vermietet werden *(ca. 8 Euro pro Nacht)*.

LAKE NAIVASHA

(130 B1) (*ﾙ E–F6*) ● **Nur eine Stunde auf der gut ausgebauten Schnellstraße von Nairobi entfernt liegt der Naivashasee, einer der nur zwei Süßwasserseen im Grabenbruch – von der Hauptstadt aus ein idealer Tagesausflug.**

Das einst idyllische Ufer ist inzwischen von Dutzenden Blumenfarmen gesäumt, die dem See sein Wasser entziehen. Aus dem früher schläfrigen Bauerndorf *Naivasha* ist zudem längst eine dicht von Arbeitern und Arbeitssuchenden bevölkerte Ortschaft geworden, die man nachts meiden sollte. Urlauber zieht es deshalb vor allem in eine der Lodges oder eins der Häuser, die reiche Kenianer am Ufer errichtet haben, häufig mit eigenen Gärten, durch die Wildtiere auf der Suche nach Wasser laufen – da fühlt man sich fast wie im Nationalpark.

SEHENSWERTES

CRESCENT ISLAND
Die kleine, sichelförmige Insel ist die Heimat von Gazellen und Wasserböcken, zwischen denen man gemütlich spazieren gehen kann. Zu erreichen ist die Insel mit dem Boot vom *Lake Naivasha Coun-*

try Club aus, dessen Rezeption die kurze Überfahrt durch den dicht mit Flusspferden bevölkerten See organisiert.

ELSAMERE

Das einstige Domizil der Löwenforscherin Joy Adamson („Frei geboren") und ihres Mannes George ist heute eine Forschungsstation, in der die Arbeit der beiden fortgesetzt wird. Benannt ist sie nach der Löwin Elsa, die die Adamsons hier aufzogen. Besucher sind im Haus und dem großzügigen Garten nachmittags willkommen, wenn britischer High Tea serviert wird. *Tgl. 15–18 Uhr | Eintritt ca. 5 Euro | wenige Kilometer hinter dem Fisherman's Camp auf der Seeseite*

HELL'S GATE NATIONAL PARK

Hell's Gate ist einer der wenigen Nationalparks in Kenia, den man ohne Ranger zu Fuß erkunden kann. Besonders lohnend: der ausgeschilderte Wanderweg durch eine malerische Schlucht zum 25 m hohen Vulkankegel *Fischer's Tower,* der nach einem deutschen Entdecker benannt ist. *Parkeintritt 25 US $*

LAKE NAIVASHA COUNTRY CLUB

Das älteste Hotel am See war einst Kenias einziger Flughafen, damals landeten Wasserflugzeuge auf dem Weg nach Südafrika hier zwischen. *51 Zi. | Tel. 020 88 34 10 | €*

INSIDER TIPP ▶ OLERAI HOUSE ●

Das Heim des Elefantenforscher-Ehepaars Douglas-Hamilton *(s. auch Samburu, S. 91)* mit bunten, individualistischen Zimmern aus recycelten Baustoffen und Naturmaterialien – und einer der besten Vollwertküchen des Landes. Beim Lunch im Garten trotten Zebras vorbei. *5 Zi. | Tel. 020 8 04 86 02 | www.olerai.com | €€€*

LAKE NAKURU

(126 A4–5) (*ω E5*) ★ **Der Nakurusee ist Kenias Vogelparadies: Neben Pelikanen, Kormoranen, Reihern und Ibissen färben Tausende Flamingos den See pink, wenn sie auf ihrer Durchreise Station machen. Rund um den See leben auf engstem Raum (der Park ist nur 188 km² groß) Dutzende Tierarten.**

Vor allem Breitmaulnashörner sind nirgends in Kenia so häufig zu sehen wie hier. Weil der Park mit einem Zaun umgeben ist, der auch die umliegenden Farmen schützen soll, leben die Nashörner gut geschützt – ebenso wie die seltenen Rothschild-Giraffen. Die intensive Landwirtschaft macht den Tieren dennoch zu schaffen: Der See schrumpft stetig, zeitweise muss die Nationalparkbehörde Wasser zupumpen. *Parkeintritt 80 US $*

ÜBERNACHTEN

INSIDER TIPP MAILI SABA

Gemütliche Bandas mit Panoramablick in den Menengai-Krater, an dessen Rand das Camp liegt. Der Nationalpark ist nur 20 Min. entfernt. *10 Zi. | Tel. 050 5 08 45 | www.mailisabacamp.com | €*

SAROVA LION HILL LODGE

Etwas betagte, aber sympathische Herberge im Park mit Pool, Bar und Restaurant. *67 Zi. | Tel. 020 2 71 44 44 | www.sarovahotels.com | €€*

ZIEL IN DER UMGEBUNG

LAKE ELMENTAITA (126 A5) (*E5–6*)

Der früher touristisch kaum erschlossene See mausert sich zur Alternative zum Naivashasee: Hier sind die Ufer noch frei zugänglich, und die Natur ist noch fast unberührt. Der Sodasee ist die Heimat zahlreicher Vogelarten, auch Flamingos brüten hier. 2011 eröffnete hier im Reservat Soysambu das *Lake Elmentaita Serena Camp (24 Zelte | Tel. 020 2 84 23 33 | www.serenahotels.com/serenaelmentaita | €€€)*, das neben Seeblick auch Pool und Spa bietet. Hier oder über die *Lake Nakuru Lodge (Tel. 020 2 73 36 95)* kann man ein einmaliges Erlebnis buchen: eine INSIDER TIPP Ballonfahrt über das Reservat in den Sonnenaufgang hinein. Am Horizont ragen die Aberdares auf, unter Ihnen der glitzernde See und die rosafarbenen Flamingos – ein Traum!

MASSAI MARA

(128–129 C–E 4–6) (*C7–8/D8*) ★ ●

Die Massai Mara (1510 km²) ist ein absolutes Muss für jeden, der für eine Fotosafari nach Kenia kommt – nicht nur von August bis Oktober, wenn die

Tausende von Flamingos verwandeln den Lake Nakuru in ein rosafarbenes Meer

große Migration in der Massai Mara Station macht.

In der von Akazienwäldern und Hügeln durchbrochenen, meist offenen Savanne sieht man so viele Tiere wie in keinem anderen Nationalpark. Löwen und Geparden leben hier so eng aufeinander wie kaum sonst irgendwo in Afrika. Hy-

TIERWANDERUNG

Jedes Jahr wiederholt sich in der Massai Mara das größte Spektakel, das die Tierwelt zu bieten hat. Wenn in der südlich gelegenen Serengeti die Nahrung ausgeht, versammeln sich Hunderttausen-

Massai Mara: Ein Gepard verschafft sich Überblick

änen und Schakale sind oft zu sehen, seltener die scheuen Leoparden. Dazu streifen zu jeder Saison massenhaft Zebras, Antilopen, Büffel und andere Herdentiere durch die Savanne – ein Paradies für Tierfreunde.

Die Massai Mara ist mit dem Auto von Nairobi aus in 5–6 Stunden zu erreichen. Die meisten Urlauber fliegen zu einem der zahlreichen Landestreifen, die in und um die Massai Mara herum existieren. Ein klassisches *Package* mit Hin- und Rückflug sowie zwei Übernachtungen garantiert einen guten ersten Einblick in die Wunder, die die Massai Mara bereithält. *Parkeintritt 80 US $*

de Gnus, Zebras und Antilopen zu einer Wanderung, die bis zu drei Millionen Tiere in die Massai Mara führt. Sobald in der Mara die Nahrung wieder knapp wird, geht es zurück. Engpass in beide Richtungen ist der Mara-Fluss, den die Tiere überqueren müssen: Dazu sammeln sie sich zu Hunderten und Tausenden zunächst zögerlich am Ufer, bis sich die ganze Herde wie auf ein geheimes Zeichen hin in die von Krokodilen wimmelnden Fluten stürzt. Der Boden bebt, ein kollektives Stöhnen liegt in der Luft, der Strom färbt sich blutrot – ein archaisches Naturerlebnis, das man mit allen Sinnen wahrnehmen kann. Tiere, die

die Krokodile überleben, werden häufig Opfer der Raubkatzen, die während der Migration ein Festmahl feiern.

FREIZEIT & SPORT

IM HEISSLUFTBALLON ÜBER DIE MASSAI MARA ⚜

Am frühen Morgen über Tierherden hinwegzuschweben, die Lautlosigkeit nur ab und zu vom Fauchen des Gasbrenners unterbrochen, ist ein einmaliges Erlebnis. An klaren Tagen reicht der Blick weit über die Mara hinweg. Aus der Höhe sieht man die Herden durch die Savanne ziehen, dann schwebt der Ballon wieder nur wenige Meter über einem Elefanten oder einem Löwenrudel hinweg, ohne bemerkt zu werden. Selbst die Landung mitten in der Wildnis ist ein Erlebnis: Von hier geht es zu einem Frühstück im Busch, bei dem man langsam wieder auf dem Boden ankommen kann. *Buchung über alle Lodges | Preis ca. 450 US $*

LODGES

BASECAMP MARA ☺ (129 D5) (*ᗰ C8*)

Voll ökologisches Camp mit Solarpanelen, Komposttoiletten und vollem Komfort. Die Zelte mit Holzbalkonen haben angeschlossene Duschen unter dem Sternenhimmel. *18 Zi. | Tel. 020 57 74 90 | www.basecampexplorer.com | €€*

INSIDER TIPP ▶ MARA BUSHTOPS
(129 D5) (*ᗰ C–D8*)

Luxuriöser kann Safari nicht sein: Die riesigen Zelte mit Veranda (eigener Pool inklusive) sind so gemütlich, dass man gut den ganzen Tag hier verbringen könnte. Wenn die Sonne untergeht, lockt erst der Sundowner am Lagerfeuer, dann ein Dinner à la carte plus Wein aus dem eigenen Weinkeller. *12 Zi. | Tel. 020 3 60 70 00 | www.privatesafaris.co.ke | €€€*

MARA SERENA ⚜ (128 C5) (*ᗰ C7–8*)

Die als kleine Häuschen entlang einer Dorfstraße gestalteten Zimmer haben alle Mara-Blick. Mit Glück lassen sich von hier die Gnuherden beobachten, wie sie den nahen Mara-Fluss queren. *76 Zi. | Tel. 050 2 22 53 | www.serenahotels.com | €€*

MARA SIRIA ☺ ⚜ (129 D5) (*ᗰ C7*)

Der Blick vom Frühstückstisch auf den Fluss ist atemberaubend, die Lage am Rand des Siria-Plateaus einmalig. Den Titel „ökologisches Luxuscamp" nehmen die deutschen Betreiber ernst: Der Komfort ist hoch, der Fußabdruck, den die Gäste in der Wildnis hinterlassen, dennoch minimal. *14 Zi. | Tel. 0733 58 25 62 | www.mara-siria-camp.com | €€€*

LOW BUDGET

▶ Vor den Toren der Massai Mara gibt es mehrere Campingplätze, auf denen man für wenige Euro übernachten kann, u.a. neben dem Oloolaimutiek-, Oldoololo- und Talek-Gate. Info bei *Game Trackers (S. 113)* oder den Rangern an den Gates. Wasser, Nahrung, Zelte etc. müssen Sie mitbringen.

▶ Am Lake Naivasha bietet das *Fisherman's Camp (Zeltplatz, 7 Bandas, ein Cottage)* preiswerte Unterkunft direkt am See. *Moi South Lake Road | Tel. 0726 87 05 90*

▶ Die *Karibuni-Lodge* in Kitale ist einer der wenigen Backpackers im Westen Kenias und eine gute Ausgangsbasis für Mount Elgon und Saiwa Swamp. Die Inhaber organisieren auch Touren. *10 Zi. | nahe Total-Tankstelle | Tel. 0735 57 37 98 | www.karibunikitale.com*

HIGHLANDS UND DER NORDEN

Eine Reise in den Norden ist eine Reise in die unbekannte Hälfte Kenias. Über der grünen Landschaft des Hochlands thront der schneebedeckte, rau gezackte heilige Berg der Kikuyu, der Mount Kenya, mit 5199 m der höchste Berg des Landes (der Kilimandscharo liegt auf tansanischem Boden).

Weiter nördlich beginnt die Halbwüste, das Land der Nomaden, die der lebensfeindlichen Umgebung gegen alle Widerstände ihren Lebensunterhalt abtrotzen. Besucher erleben hier nicht nur eine der spektakulärsten Landschaften Kenias, sondern auch eine ganz eigene Tier- und Pflanzenwelt, die sich von der im Rest des Landes vollkommen unterscheidet. Die Bevölkerung im Norden Kenias ist bis heute ihren Traditionen verhaftet,

auch deshalb, weil der Norden von der Entwicklung im Rest des Landes weitgehend abgehängt ist.

ABERDARES

(126 B4–5) (⏍ F5–6) ★ In die unwegsamen Wälder dieses bis zu 4000 m hohen Gebirgszuges zogen die Mau-Mau-Rebellen sich in den 1950er-Jahren vor den britischen Truppen zurück und konnten so weiter für die Unabhängigkeit kämpfen.

Bis heute leben in den von Mooren durchzogenen dichten Wäldern geschätzte 6000 Elefanten, Leoparden, Büffel und die seltene Bongo-Antilope. Die Landschaft im stets kühlen Wald

Bild: Bergmassiv des Mount Kenya

Auf ins Abenteuer: Rund um den Mount Kenya locken Privatreservate – und weiter nördlich die Einsamkeit

der Aberdares ist atemberaubend: enge, tiefe Täler, an deren Flanken Wasserfälle Dutzende Meter in die Tiefe rauschen. Die Aberdares sind das wichtigste Wassereinzugsgebiet des Landes. Seit Jahren tobt deshalb ein Konflikt zwischen Umweltschützern und Siedlern, die den Wald von den Rändern her brandroden und ihn damit Jahr für Jahr verkleinern. Noch größer ist der Schaden, den korrupte Unternehmer mit illegalem Holzeinschlag im großen Stil verursachen. *Parkeintritt 50 US $*

THE ARK ● (126 C4) (*G5*)

„Die Arche" liegt in einem Teil des Parks, der nur denen zugänglich ist, die hier übernachten. Die Lodge trägt ihren Namen wegen der schiffsähnlichen Form; die Zimmer sind wie Kabinen gestaltet. Auf Stegen, die mehrere Meter über dem Boden montiert sind, können Sie u. a. die Vogelwelt in den Wipfeln beobachten. Abends sammeln sich Tiere auf einer flutlichtbeschienenen Lichtung, um den mineralreichen Boden abzulecken. Kinder sind erst ab sieben Jahren zugelassen. *60 Zi. | Tel. 020 210 13 33 | www. thearkkenya.com | €€*

(126 B5) (*∭ F6*)
Bandas für Selbstversorger über einem murmelnden Fluss, die Ranger helfen beim Besorgen des Feuerholzes. Einzige

LAIKIPIA

(126–127   B–D 2–3) (*∭ F–H4*)   **Die weite Hochebene rund um den Mount Kenya ist bis heute vom Erbe der Kolonialzeit geprägt, als weiße Farmer das Land unter sich aufteilten.**
Das trockene Land brachte so wenig Ertrag, dass die meisten Bauern sich auf

Auf Pferden durchstreifen Besucher das Schutzgebiet Lewa

Ausgangsbasis, um mehr vom Park zu sehen. *6 Zi. | Tel. 020 60 08 00 | www. kws.org | €*

TREE TOPS (126 C4) (*∭ G5*)
Altehrwürdiges Baumhotel, in dem auch Königin Elizabeth II. schon Urlaub gemacht hat. An der mit Scheinwerfern beleuchteten Tränke ist nachts viel los; bei spektakulären Tierbesuchen werden die Gäste auf Wunsch wachgeklingelt. Auch hier sind Kinder erst ab sieben Jahren zugelassen. *73 Zi. | Tel. 061 2 03 49 14 | www.aberdaresafarihotels.com | €€€*

extensive Rinderhaltung spezialisierten: Das Vieh grast auf Farmen, von denen einige größer sind als Luxemburg. Die meisten Farmer verdienen ihr Geld heute im Tourismus. Zahlreiche Farmen sind private Wildtierreservate, in denen Gäste auch Nachtfahrten oder Fußsafaris unternehmen können. Die privaten Schutzgebiete Laikipias sind besonders gut geschützt: Auch deshalb lebt hier gut die Hälfte aller Spitzmaulnashörner Kenias. Manche der Laikipia-Lodges sind derart exklusiv, dass sie nicht einmal Straßenanschluss haben – Stars wie Madonna oder einst auch Michael Jackson fliegen von Nairobi mit dem Privatjet oder dem Hubschrauber bis vor die Tür ihrer Lodge.

SEHENSWERTES

LEWA WILDLIFE CONSERVANCY ⚜

(127 D3) (*⌖ H4*)

Die ehemalige Rinderfarm (18 000 ha groß) wird heute von einer privaten Stiftung als Naturschutzgebiet verwaltet. Zu ihren Aufgaben gehören der Schutz von Nashörnern und die Förderung von Tourismusprojekten, die die lokale Bevölkerung miteinbeziehen. Besucher werden deshalb von Führern aus der Region durch das Schutzgebiet geführt, in dem neben Nashörnern auch Löwen und Leoparden beobachtet werden können. Eine exklusive Unterkunft ist das *Lewa Safari Camp (12 Zelte | Tel. 020 6 00 40 53 | www.lewasafaricamp.com | €€€)*, dessen luxuriös ausgestattete Zelte Blick auf den Mount Kenya bieten. *Parkeintritt 80 US$ | www.lewa.org*

OL PEJETA CONSERVANCY AND CHIMPANZEE SANCTUARY

(126 C3) (*⌖ G4–5*)

Löwen und Elefanten sind die Stars im Schutzgebiet der *Ol Pejeta Ranch,* einer der ältesten und traditionsreichsten in Laikipia – und ein zahmes Nashorn, das sich sogar streicheln lässt. Auch sonst hat man sich im Reservat auf den Schutz von Spitzmaulnashörnern spezialisiert, von denen es zahlreiche zu sehen gibt. Einmalig in Kenia ist das abgezäunte Schutzgebiet für Schimpansen, die von der Jane-Goodall-Stiftung vor dem Bürgerkrieg in Burundi gerettet wurden. Die Menschenaffen leben auf einer Insel, zu der man mit einem Boot übersetzt. Dort kann man ihnen – getrennt durch einen Zaun – beim Spielen zusehen. Ein schönes, auch für kleinere Kinder geeig-

netes Camp ist *Sweetwaters (39 Zelte | Tel. 020 2 84 20 00, 062 3 19 70 | www. serena-hotels.com | €€€). Parkeintritt US $ 63 | www.olpejetaconservancy.org*

LAKE BARINGO

(126 A1–2) (*⌖ E3*) **Im nördlichen Rift Valley gelegen, gibt der Baringosee Wissenschaftlern bis heute Rätsel auf. Wie der Naivashasee, so ist auch der Baringo ein Süßwassersee – doch woher das Wasser kommt und wohin es abfließt, ist bis heute unklar.**

MARCO POLO HIGHLIGHTS

⭐ **Aberdares**
Die Moore und Wälder des Gebirgszugs sind der Lebensraum von Elefanten, Leoparden und Bongos → S. 82

⭐ **Kamelsafari im Samburuland**
Auf keine Weise lässt sich der Norden so gut erleben wie als Teil einer Karawane → S. 90

⭐ **Mount Kenya**
Der heilige Berg der Kikuyu ist Kenias größte Herausforderung für Bergsteiger → S. 88

⭐ **Meru National Park**
Wild und einsam: Die Savannen von Meru sind ein gut gehütetes Safarigeheimnis → S. 87

⭐ **Samburu**
Ungeahnte Vielfalt in Kenias magischer Halbwüste: Viele Tiere gibt es nur hier → S. 89

Den Vögeln, die den See in Scharen bevölkern, ist das egal: Mehr als 450 Arten haben Vogelkundler am See gezählt, unter ihnen Fischadler, Kronenkraniche und mehrere Eisvogelarten. Der See ist außerdem die Heimat von Flusspferden und Krokodilen. In den vergangenen Jahren hat sich das Wasser immer weiter zurückgezogen: Umweltschützer machen die hohe Wasserentnahme für die Landwirtschaft und die Erosion umliegender Felder dafür verantwortlich. Anfahrt am besten von Nakuru über die vergleichsweise gute Straße nach Norden.

FREIZEIT & SPORT

BOOTSFAHRTEN

Von der kleinen Ortschaft *Kampi ya Samaki* (Swahili für: „Fischcamp") aus kann man Kanufahrten auf dem See organisieren. Fischer sind auf die neue Einnahmequelle angewiesen, weil die Zahl der Fische wegen Überfischung dramatisch zurückgegangen ist. *Preis: ca. 30 Euro pro Stunde*

LODGES

ISLAND CAMP (126 A1) (*ØJ E3*)

Rustikales Camp mit Ausblick auf den See. Die Atmosphäre auf der kaum bewohnten Insel ist ungemein friedlich. *23 Zi. | Tel. 0735 91 98 78 | www.island-camp. com | €€*

INSIDER TIPP SAMATIAN ISLAND ☀

(126 A1) (*ØJ E3*)

Die fünf offenen, luftigen Cottages mit Blick auf den See auf dieser kleinen In-

BÜCHER & FILME

▶ **Afrikanisches Schach** – Spannende Lebensgeschichte des deutschen Aussteigers Hans von Loesch an Kenias Küste

▶ **Der Hüter der zerfallenden Bücher** – Schicksale von Menschen aus Afrika, erzählt vom Autor des vorliegenden Reiseführers

▶ **Jetzt sind wir dran** – Michela Wrongs exzellenter Bericht über John Githongo, Kenias Einzelkämpfer gegen die Korruption

▶ **Afrika – dunkel lockende Welt** – Der Klassiker von Tania (Karen) Blixen, der die Vorlage für den wunderschönen Film „Jenseits von Afrika" lieferte, in seiner schönsten Übersetzung

▶ **Kwani** – Herausragende Sammelbände mit Texten junger kenianischer Autoren (auf Englisch)

▶ **Nirgendwo in Afrika** – Ein Film von Caroline Link (2001): oscargekrönte Geschichte einer Familie, die vor den Nazis aus Deutschland in das Kenia der späten 1930er-Jahre flieht

▶ **Der ewige Gärtner** – Fernando Meirelles' spannende Verfilmung (2005) des John-Le-Carré-Thrillers über illegale Menschenversuche der Pharmaindustrie

▶ **Soul Boy** – Packendes Märchen von Tom Tykwer („Lola rennt") um einen Jungen, der in Nairobis größtem Slum Kibera lebt (2010)

sel im Baringosee garantieren ein ganz privates Safarierlebnis. Dazu kommen Pool, Massagen und Bootsausflüge auf den See und zu nahe gelegenen Fischerdörfern. *5 Zi. | Tel. 020 2 11 54 53 | www. samatianislandlodge.com | €€€*

bizarr ist das Ostufer des Sees, wo sich die über 600 m hohen *Sirado-Klippen* erheben *(Parkeintritt ca. 20 Euro)*. Übernachten kann man im *Lake Bogoria Spa Resort (90 Zi. | Tel. 020 2 24 90 55 | www.lakebogoria-hotel.com | €€)*, Keni-

Grüße aus der Unterwelt: Geysire am Lake Bogoria

ZIEL IN DER UMGEBUNG

LAKE BOGORIA (126 A2–3) (*∅ E4*)
Vom nahen Baringosee unterscheidet sich der Bogoriasee so wie der Himmel von der Hölle: Schroffe Felswände umgeben den See, aus dem heiße Fontänen in die Luft spritzen. Durch die Schuhsohlen spürt man die Hitze der unter dem Boden brodelnden Naturgewalt. Der eigentliche See wird von Flamingos bevölkert, am Ufer brechen Geysire aus. Wer dorthin wandert, sollte besondere Umsicht walten lassen: Der Boden ist rutschig und schlammig, das brühend heiße Wasser kann binnen Sekunden schwere Verbrennungen hervorrufen. Besonders

as einzigem Spa, dessen Pool aus natürlichen heißen Quellen gespeist wird. Das Hotel steht gleich vor dem Eingang zum Park am *Loboi Gate.*

MERU NATIONAL PARK

(127 F2–3) (*∅ J–K 4–5*) ★ **Die Savannen des Meru-Nationalparks sind das vielleicht bestgehütete Safarigeheimnis Kenias.**
Nachdem in den 1980er-Jahren bewaffnete Banden aus Somalia Elefanten und Nashörner jagten und Besucher vertrie-

ben, kam lange niemand mehr hierher. Dieser Tage ist der Park nicht nur sicher, sondern wieder voller Wildtiere, die man praktisch für sich alleine hat. Im hohen Gras ist man allerdings auf die Ortskenntnis und den Adlerblick der kundigen Führer angewiesen. Sumpflandschaft und dichte Flusswälder ergänzen das reichhaltige Panorama des Parks. *Parkeintritt 65 US $*

LODGES

ELSA'S KOPJE �☆ (0) (*Ⓜ J4*)

Lange Zeit war sie die einzige Lodge im Park, und eine der schönsten in ganz Kenia noch dazu. Auf einem Hügel (Kopje) gelegen, auf dem früher Joy und George Adamson Löwen beobachteten, bietet sie ihren Gästen einen phantastischen Blick über die weite Savanne. *10 Zi. | Tel. 020 60 40 53 | www.chelipeacock.com | €€€*

LOW BUDG€T

▶ Die *Murera Bandas* im Meru-Nationalpark sind mit ca. 50 Euro pro Hütte für bis zu vier Personen die mit Abstand günstigste Unterkunft im Park. Bettzeug wird gestellt, den Rest muss man mitbringen. *Tel. 020 60 08 00 | www.kws.org*

▶ *Robert's Camp* am Lake Baringo ist die günstigste Unterkunft (ca. 15 Euro/Nacht) am vogelreichen See. Die Stimmung ist entspannt; vor den gemütlichen Bandas gleich am Seeufer kommen nachts Flusspferde und Krokodile zum Besuch vorbei. *7 Zi. | Tel. 0722 20 77 72 | www.roberts camp.com*

INSIDER TIPP ▶ **RHINO RIVER CAMP** ♻
(127 F3) (*Ⓜ J4*)
In den Wald integriertes Boutique-Camp in Nachbarschaft des Nashornreservats. Die nur acht Cottages sind aus Naturmaterialien gebaut und zum Fluss hin, der durch das Camp fließt, offen. Der Pool mit Blick auf einen Wasserfall und die einfallsreiche, vielseitige Küche sind weitere Highlights. *8 Zi. | Tel. 020 3 86 48 31 | www.rhinorivercamp.com | €€€*

MOUNT KENYA

(127 D3–4) (*Ⓜ G–H5*) ⭐ **Die drei vom Schnee bedeckten Gipfel des Mount Kenya ragen nur wenige Kilometer vom Äquator entfernt majestätisch in den Himmel. Kein Wunder, dass die im Hochland lebenden Kikuyu dort oben die Wohnstatt ihres Gottes Mwene-Nyaga vermuten.**

Drei bis vier Tage sollten Bergsteiger bis zum Lenana-Gipfel auf 4985 m rechnen. Wer den höchsten der drei Gipfel, den Batian auf 5199 m, erreichen will, braucht mindestens einen Tag mehr und neben Kondition auch viel bergsteigerische Erfahrung. Denn der Mount Kenya ist, anders als der Kilimandscharo, ein technisch höchst anspruchsvoller Berg. Ausgangspunkt für eine Besteigung ist die Ortschaft *Naro Moru,* gut drei Stunden Autofahrt von Nairobi entfernt. *Nationalparkgebühr 55 US $ pro Tag*

FREIZEIT & SPORT

BESTEIGUNG DES MOUNT KENYA

Die besten Monate für die Besteigung sind Januar/Februar sowie Juli bis September, wenn es am wenigsten regnet. Der Aufstieg ist nur in Begleitung eines

Bergführers erlaubt, sinnvoll sind auch Träger. Die Hütten müssen beim *Kenya Wildlife Service* vor Ort gebucht werden. Komplette Touren kann man bei den meisten Reisebüros in Nairobi buchen, alternativ lässt sich in der *Naro Moru River Lodge* alles Nötige organisieren. Ein Träger (max. 16 kg) und ein Führer kosten mindestens 10 Euro pro Tag, die Lodge verleiht auch Ausrüstung. Ernsthafte Bergsteiger sollten sich mit dem *Mountain Club of Kenya* in Nairobi in Verbindung setzen. Der Verein gibt einen sehr guten Wanderführer und eine detaillierte Karte heraus *(www.mck.or.ke).* Die ersten 3000 Höhenmeter bis zur Wetterstation werden mit dem Geländewagen zurückgelegt. Von hier geht es aufwärts durch dichten Bambuswald und tropischen Regenwald. Der nächste Tag führt durch das malerische *Teleki-Tal,* von dem die Gipfel des Mount Kenya bereits silbern gleißend zu sehen sind – und zum Greifen nahe scheinen. Dabei steht das *Mackinder Camp,* die nächste Unterkunft, erst auf 4200 m. Für den Gipfelsturm muss man früh aufstehen: Spätestens um 4 Uhr früh machen sich Bergsteiger auf den Weg zum *Point Lenana,* den man so rechtzeitig bei Sonnenaufgang erreicht: ein phantastisches Schauspiel, das für die Strapazen des Aufstiegs entschädigt. Den Abstieg bis zur Wetterstation legt man in gut sechs Stunden zurück.

Kein Sonntagsspaziergang: Bergtour am Mount Kenya

LODGES

NARO MORU RIVER LODGE
(126 C4) (*ω G5*)
Die rustikale Lodge ist eine Institution am Mount Kenya: fast jeder Bergsteiger auf dem Weg zum Mount Kenya macht hier Station. Das Personal hilft beim Beschaffen von Führern, Trägern und Ausrüstung und gibt wertvolle Tipps. Wer will, kann sogar eine komplett organisierte Tour buchen. *43 Zi. | Tel. 020 4 44 33 57 | www.naromoruriverlodge.com | €€*

SERENA MOUNTAIN LODGE
(127 D4) (*ω G5*)
Komfortable Lodge direkt am Hang des Bergs, auf Stelzen gebaut. Am nahen Wasserloch (beleuchtet) versammeln sich abends Elefanten und Büffel zur Tränke. *42 Zi. | Tel. 020 2 84 20 00 | www.serenahotels.com | €€€*

SAMBURU

(127 D–E1) (*ω H3*) ★ **Im Land der Samburu beginnt der wüste Norden Kenias, der die Heimat zahlreicher noch urtümlich lebender, nomadischer Stämme ist und der mehr als nur einen Hauch von Wildwest verbreitet.**

Traditionell gekleidete Nomaden im Samburugebiet

„Nördlicher Grenzdistrikt" wird die Gegend bis heute von vielen Kenianern genannt, und wer im Norden lebt, der sagt vor der Abreise nach Nairobi: „Ich fahre nach Kenia." Zu beiden Seiten der Hauptstraße, die nach Norden bis zur äthiopischen Grenze führt, liegen die Nationalreservate *Samburu, Buffalo Springs* und *Shaba* (eine Eintrittskarte gilt für alle Parks).

Unterbrochen von gewaltigen Inselbergen erstreckt sich eine anderweltliche Landschaft aus weißem Staub und Dornbüschen. Hier leben Tiere, die es nirgends sonst in Kenia gibt: das fein ziselierte Grevy-Zebra, auf den Hinterbeinen grasende Gerenuks und Netzgiraffen. Auch Leoparden sind hier besonders gut zu beobachten. Der Fluss Ewaso Ngiro (Samburu für „braunes Wasser"), der die Reservate *Samburu* und *Buffalo Springs* teilt, führt die meiste Zeit im Jahr kein Wasser. In der Regenzeit aber füllt sich das Flussbett oft binnen kürzester Zeit; Springfluten reißen Lastwagen und in Ausnahmefällen auch wassernahe Gebäude mit sich. Die trockene Landschaft beginnt binnen Stunden zu blühen: ein magischer Anblick.

FREIZEIT & SPORT

KAMELSAFARI IM SAMBURULAND ★

Besser als auf einer Wanderung mit Kamelen lässt sich der Norden Kenias nicht erleben. Kundige Samburukrieger führen Sie durch die unwegsame Dornensavanne und die Wüste und weihen Sie in die Geheimnisse des Überlebens in dieser unwirtlichen Gegend ein. Je nach Preisklasse übernachten Sie im Schlafsack am Lagerfeuer oder in einem mehr oder weniger luxuriös ausgestatteten Zelt. Für eine Woche Safari muss man mit mindestens 1500 Euro pro Kopf rechnen, je mehr Teilnehmer es gibt, desto günstiger wird es.

Gute Ausgangspunkte und Organisatoren sind das *Sabuk-Camp (7 Zi. | Tel. 020 60 40 53 | www.chelipeacock.com | €€€)* im Norden Laikipias und das entlegene INSIDER TIPP *Desert Rose (5 Zi. | Tel. 020 3864831 | www.desertrosekenya. com | €€€)* in South Horr, ein traumhaftes, harmonisch in den Hang des heiligen Berges Nyiru eingebettetes Camp. Günstigere Optionen bietet *Let's go Safari* in Nairobi *(Kontakt s. Praktische Hinweise, S. 113).*

ÜBERNACHTEN

ELEPHANT WATCH CAMP
(127 E1) (*H3*)

Exklusives Ökocamp, gleich nebenan arbeiten Kenias bekannteste Elefantenforscher, Oria und Iain Douglas-Hamilton. Die Dickhäuter treiben sich die meiste Zeit in Blickweite der beduinenartig gestalteten Zelte herum. *5 Zi. | Samburu | Tel. 020 89 11 12 | www.elephantwatchsafaris.com | €€€*

INSIDER TIPP JOY'S CAMP
(127 E1) (*H–J3*)

Hier ließ die Biologin Joy Adamson („Frei geboren") vor mehr als 30 Jahren eine Waisenleopardin frei, die sie zuvor an die Wildnis gewöhnt hatte. Entsprechend in die Natur integriert ist *Joy's Camp:* Die offenen Zelte gehen fließend in die schroffe Landschaft des nördlichen Shaba-Reservats über, selbst der Pool sieht aus, als wäre er eine natürliche Wasserstelle. *10 Zi. | Shaba | Tel. 020 60 40 53 | www.joyscamp.com | €€€*

SAMBURU SERENA
(127 E1–12) (*H3*)

Die im örtlichen Samburustil gestalteten Cottages liegen direkt am Ufer des Ewaso-Nyiro-Flusses und bieten den üblichen Komfort. Sehr nettes Personal! *62 Zi. | Tel. 064 3 08 00 | www.serenahotels.com | €€*

ZIEL IN DER UMGEBUNG

MATTHEWS RANGE
(123 D5–6) (*G1–2/H2*)

Die 150 km lange Bergkette erhebt sich wie ein Garten Eden aus der tristen Wüste nördlich des Samburu-Reservats. In den dichten Wäldern entlang eines Flusses leben Elefanten, Leoparden und eine schier unglaubliche Menge an Schmetterlingsarten. Das luxuriöse INSIDER TIPP *Kitich Camp (6 Zelte | Tel. 020 60 40 53 | www.chelipeacock.com | €€€)* ist Ausgangspunkt für Waldwanderungen, Schwimmausflüge an einem der glasklaren Bergseen oder für Besuche in nahen Samburudörfern.

Elefanten im Reservat Samburu kühlen sich mit einer Staubdusche ab

AUSFLÜGE & TOUREN

Die Touren sind im Reiseatlas, in der Faltkarte und auf dem hinteren Umschlag grün markiert

1 RUND UM KENIAS BLUMENMEER

Die Umrundung des Naivashasees gehört zu den wenigen Touren in Kenia, die man außer mit dem eigenen Wagen auch gefahrlos im Matatu genannten Sammelbus oder sogar auf dem Fahrrad unternehmen kann! Immer mehr Nairobianer schnallen ihr Fahrrad aufs Auto oder setzen sich gleich in Nairobi auf den Sattel, um ein Wochenende am nahen See zu verbringen *(Fahrradverleih s. Sport & Aktivitäten, S. 99)*. Länge: ca. 200 km, Dauer (mit dem Rad): 3–4 Tage.

Die Abfahrt auf der gut ausgebauten alten Naivasha Road vom Hochland ins Rift Valley ist – egal welches Verkehrsmittel man nutzt – das erste Highlight: Vom ☼ Aussichtspunkt am Abhang geht der Blick weit übers Land, in der Ferne glitzern der Naivashasee und die Dutzenden Gewächshäuser, die ihn umgeben, in der Sonne. In Serpentinen geht es gleich danach mehrere Hundert Höhenmeter steil nach unten.

Nach 30 km erhebt sich auf der linken Seite der **Mount Longonot**, ein Vulkan, der zuletzt vor 150 Jahren ausgebrochen ist. Mit seiner rauen Kante und den von der Vulkanasche bis heute schwarz gefärbten Flanken ist er schon von Weitem sichtbar. Vom Kraterrand in 2777 m Höhe hat man einen wunderbaren Blick aufs Umland und auf den Kratersee, die Caldera, im Inneren des Vulkans. Der Auf-

Bild: Lake Turkana

Abenteuerfahrten durch Kenias Blumenmeer, im „verrückten" Zug von Nairobi nach Mombasa und im Bus zum abgelegenen Jadesee

stieg dauert zwischen anderthalb und zwei Stunden und sollte unbedingt am frühen Morgen gestartet werden, denn mit der aufsteigenden Sonne heizt die schwarze Vulkanasche sich auf, bis sie glühend durch die Schuhsohlen brennt. Am Eingang zum **Longonot National Park** im gleichnamigen Dorf können Ranger als Führer engagiert werden *(Parkeintritt 20 US $, Führerhonorar Verhandlungssache)*, die die besten Aufstiegsrouten und den Rundweg am Kraterrand *(3–4 Std.)* kennen.

20 km hinter dem Parkgate zweigt links die Moi South Lake Road ab, die (später als Moi North Road) einmal rund um den Naivashasee führt. Nach wenigen Kilometern liegt rechts der **Lake Naivasha Country Club → S. 78**, wo in den Frühzeiten der afrikanischen Fliegerei vor gut 100 Jahren die Wasserflugzeuge auf dem Weg von Kairo nach Kapstadt zwischenlandeten. Der Country Club ist je nach Tageszeit ein idealer Zwischenstopp für Getränke, ein Mittagessen oder auch eine Übernachtung. Boote vom hotelei-

genen Pier setzen auf den See und zum Naturreservat auf **Crescent Island** über. Die Insel können Sie zu Fuß erkunden; außer zahlreichen Vogelarten gibt es Gazellen, Wasserböcke und Giraffen zu beobachten.

Hinter dem Country Club führt die asphaltierte Straße an zahlreichen Blu-

Gut 10 km hinter dem Country Club führt eine Stichstraße nach links zum **Elsa's Gate**, dem Haupteingang zum **Hell's Gate National Park** → S. 78, der – anders als die anderen kenianischen Nationalparks – zu Fuß und **INSIDER TIPP** **mit dem Fahrrad** erforscht werden kann (unbedingt genug Wasser und Sonnen-

Wohnzimmer mit Aussicht: Chui Lodge in der Oserian Wildlife Reserve

menfarmen vorbei, die vor allem für den europäischen (und deutschen) Markt produzieren. Jeden Abend bringen Kühllaster die wertvollen Rosen und anderen Schnittblumen zum Flughafen in Nairobi, wo sie mit speziellen Frachtflugzeugen zur Blumenauktion ins holländische Aalsmeer gebracht werden. Obwohl sich die Arbeitsbedingungen auf den meisten Farmen nach massiver Kritik etwas gebessert haben, ist ein Besuch nirgends möglich. Naturschützer werfen den Unternehmen vor, dem See und dem Grund zu viel Wasser zu entziehen. Fakt ist jedenfalls, dass sich der See sichtbar zurückzieht.

schutz mitnehmen!). Gleich am Parkgate steht ein Kiosk, der Fahrräder verleiht. Von steil aufragenden Kliffen umgeben führt der Hauptweg, ein alter Arm des Naivashasees, 12 km lang durch den Park bis zum *Maiben*-Picknickplatz auf der anderen Parkseite. Antilopen und Zebras grasen ungerührt gleich neben der Piste. Am **Hyrax Hill** lassen sich die niedlichen Klippschliefer beobachten, die aussehen wie Murmeltiere, tatsächlich aber mit dem Elefanten verwandt sind. Der beliebteste Wanderweg im Nordosten des Parks führt zum 25 m hohen **Fischer's Tower**, einer Felsnadel vulkanischen Ursprungs, die ihren Namen nach einem deutschen Geologen trägt. Für die Massai, die in diesem Teil Kenias leben, ist der Turm eine versteinerte Braut – versteinert, weil sie sich auf dem Weg zu ihrer Hochzeit gegen die Konvention noch einmal für einen letzten Blick zu ihrer Familie umdrehte.

2 km hinter dem Abzweig zum Hell's Gate National Park liegt rechts am Seeufer das **Fisherman's Inn**, eine günstige Möglichkeit für einen Snack oder zum Übernachten. Wer zur Teezeit an dieser Ecke des Sees vorbeikommt, kann alternativ in **Elsamere → S. 78**, der alten Residenz von Joy und George Adamson, zum High Tea einkehren *(tgl. 15–18 Uhr)*. In den kleinen Cottages, von denen viele zeitweise von Biologen bewohnt werden, kann man auch übernachten.

Die Straße umkreist den See an seiner südwestlichsten Stelle, der in der Trockenzeit vom See getrennten **Oloiden Bay**, und passiert das **Oserian Wildlife Reserve**, ein privates Naturreservat, das exklusiv den Gästen der **Chui Lodge** *(10 Zi. | Tel. 050 2 02 07 92 | www.oserianwildlife.com | €€€)* vorbehalten ist. *Oserian* gehört zudem eine der größten ökologischen Blumenfarmen Kenias und ist Betreiber eines von der Deutschen Gesellschaft für Internationale Zusammenarbeit (GIZ) geförderten Kraftwerks, das die reichlich vorhandene Erdwärme im Rift Valley zur Stromerzeugung nutzt – Kenias Energiequelle der Zukunft.

An der Polizeistation des kleinen Ortes **Kongoni** endet die asphaltierte Straße. Hier befindet sich einer der wenigen öffentlichen Zugänge zum Seeufer, wo man Flusspferde und Vögel beobachten kann. Wenige Kilometer die Straße entlang führt auf der rechten Seite eine Stichstraße zum **Green Crater Lake**, einem erkalteten Vulkan, in dessen bewaldeter Caldera das Wasser grün schimmert. Die **Lodge** am Ufer *(11 Zelte | Tel.*

020 31 66 96 | www.mericagrouphotels. com | €€)* ist ein friedlicher Ort zum Ausspannen. Rund um den Kratersee führen zahlreiche Wanderwege.

Die restlichen 30 km bis zur Hauptstraße nach Naivasha führen vorbei an Blumenfarmen und Privathäusern, die sich reiche Kenianer – viele von ihnen Weiße aus den Kolonialjahren – am Seeufer gebaut haben. In den 20er- und 30er-Jahren prägte die partyfreudige Gesellschaft am See den Begriff „Happy Valley", der heute eher abschätzig verwendet wird. Eines der phantasievollsten Häuser ist **Olerai → S. 78**, dessen Zimmer die Elefantenforscher Iain und Oria Douglas-Hamilton farbenfroh und individualistisch gestaltet haben. Die vorwiegend vegetarische Küche ist in Kenia einmalig. Auf der Westseite des Sees erheben sich – anders als im Osten des Naivashasees – hohe Kliffe. Auf einem dieser Kliffe liegt die **Great Rift Valley Lodge** *(30 Zi. | Tel. 020 4 44 56 72 | www.heritage-eastafrica.com | €€€)*, die wegen ihres 18-Loch-Parcours vor allem bei Golffreunden beliebt ist. Doch auch für Nichtgolfer sind die rustikalen Holzhäuser mit ihrem Blick über das Rift Valley ein gemütliches Quartier.

12 km weiter endet die Moi North Lake Road am Highway, der rechts nach Nairobi und links weiter zum **Lake Elmentaita → S. 79** und nach **Nakuru → S. 78** führt. Gleich am Abzweig halten in beide Richtungen alle paar Minuten Matatus.

2 IM VERRÜCKTEN ZUG NACH NAIROBI

„Lunatic Line", verrückte Zuglinie, tauften die Briten die Verbindung von Kenias Küstenstadt Mombasa nach Nairobi, weil der Bau so lange dauerte und für damalige Verhältnisse Unsummen verschlang. Und bis

heute ist die Fahrt von Mombasa nach Nairobi (oder in die Gegenrichtung) ein Abenteuer. Fahrtdauer: ca. 15 Std.

Mehrmals die Woche *(Fahrplanauskunft unter www.riftvalleyrailways.com)* verlassen Personenzüge gegen 19 Uhr die Bahnhöfe von Mombasa und Nairobi, um die 450 km lange Strecke zwischen den beiden Metropolen in Angriff zu nehmen. Nach Fahrplan sind dafür 15 (!) Stunden vorgesehen, meist aber dauert die Fahrt noch länger, weil Tiere die Schienen blockieren, die ältlichen Loks ausfallen – oder auch ohne ersichtlichen Grund. Ärgern sollte man sich darüber nicht: Wer in Kenia mit dem Zug fährt, für den ist der Weg das Ziel. Alleine das Abendessen ist ein Erlebnis für sich. Während sich der Zug auf dem Weg zur Küste durch Nairobis Vorstädte und vom Hochland hinab ins dunkle Flachland schlängelt, klingelt der Schaffner im dunklen Anzug einen Fahrgast der ersten Klasse (empfohlen!) nach dem anderen in den Speisewagen. Dort wird das Drei-Gänge-Menü auf dem gleichen Service serviert wie bei Eröffnung der Linie zu Anfang des 20. Jhs. Dass das Porzellan die eine oder andere Macke hat und das meiste

Besteck verbogen ist, gehört zur Patina. Das Essen ist jedenfalls schmackhaft, und sauber ist der Zug auch.

Das Rattern des Zugs schaukelt einen schnell in den Schlaf. Ratsam ist es, ein **INSIDER TIPP** ▶ eigenes Vorhängeschloss mitzunehmen, um die Tür zu sichern. Wenn früh um sechs Uhr die Sonne aufgeht, passiert der Zug den **Tsavo-Nationalpark → S. 55**. Hier forderte der Bau die meisten Opfer: Die berüchtigten „Menschenfresser-Löwen" von Tsavo sollen mehr als 140 Bauarbeiter vertilgt haben. Spektakulär ist die Fahrt in Richtung Mombasa: Das Meer glitzert in der Ferne, Kinder jubeln dem Zug zu, der sich im Schritttempo seinen Weg durch Palmenhaine bahnt, bis er schließlich den Bahnhof in Mombasas Zentrum erreicht. Noch schöner ist die Fahrt in einem der historischen Dampfzüge, die ab und zu auf der Strecke eingesetzt werden. Über solche Sonderfahrten informiert die Gesellschaft *Riftvalleyrailways (www.riftval leyrailways.com)* oder der Spezialanbieter *East African Steam Safaris (Tel. 020 3 76 17 15 | tannereps@iconnect.co.ke).* Die Fahrt erster Klasse im normalen Zug kostet etwa 40 Euro.

450 km lang ist die Bahnstrecke von Nairobi nach Mombasa

EXPEDITION ZUM JADESEE

3

Der Turkanasee im hohen Norden Kenias ist einer der faszinierendsten Orte des Landes, die Fahrt eine aufregende Expedition durch Kenias entlegenste Gebiete. Der „Turkana-Bus", ein umgebauter Lastwagen (angeboten von Game Trackers, s. „Praktische Hinweise", S. 113), braucht ab Nairobi acht Tage für die Fahrt, übernachtet wird meist in Zelten.

Von Nairobi geht es hinauf ins Hochland rund um den **Mount Kenya → S. 88** und weiter zum **Samburu-Nationalpark → S. 89**. Nördlich von Samburu liegt der Krater von **Marsabit**, der von Büffeln und Elefanten bewohnt wird – eine grüne Oase mitten in der Wüste. Von hier gibt es keine Straßen mehr: Bei der Fahrt durch die vielerorts von einer Salzkruste bedeckte **Chalbi-Wüste** ist der Fahrer auf seinen Orientierungssinn angewiesen. Bei der Übernachtung in einer Missionsstation (mit Wassertank, der als Pool benutzt werden kann!) lernt man die örtliche Gabbra-Bevölkerung kennen. Am nächsten Tag schimmert erstmals der 230 km lange, jadegrüne **Turkanasee** in der Ferne. Nahe **Loiyangalani** befindet sich direkt am Seeufer ein Lager aus traditionellen Turkanahütten. Netze im Wasser schützen Badende vor den zahlreichen Krokodilen. Die jadegrüne Färbung hat der See wegen seines hohen Sodagehalts. Heftige Windböen wehen hier, weil die riesige Wasserfläche (der Turkana ist der größte Wüstensee der Welt) und die umgebende Steinwüste sich unterschiedlich schnell erwärmen bzw. abkühlen.

Zu den Exkursionen gehört ein Besuch mit dem Schiff bei den El Molo, Fischern, die den wenigen Touristen gegen Entgelt ihr Dorf zeigen. Weiter nördlich befindet sich in **Koobi Fora** eine weltberühmte Ausgrabungsstätte. Sie ist unter anderem der Fundort des „Turkana Boy", des Skeletts eines 1,6 Mio. Jahre alten Vor-

Fischer am Lake Turkana

fahren der heutigen Menschen, das wegen der trockenen Witterung besonders gut erhalten ist.

Eine andere Möglichkeit, den Turkanasee zu erreichen, ist ein Flug mit **Fly 540** nach **Lodwar**, einem Handelsposten auf der anderen Seite des Sees. Von hier sind es gut zwei Stunden mit dem Geländewagen bis **Eliye Springs**, wo der Deutsche Rolf Gloor das **INSIDER TIPP** *Eliye Springs Resort (3 Zi. | Tel. 0733 84 78 83 | www.eliyespringsresort.com | €)*, ein Camp aus Hütten im klassischen Turkanastil, betreibt. Von hier aus sind Tagesausflüge zum Fischen auf den See oder ins gut 50 km weiter nördlich gelegene **Kalokol** möglich. Dort kann man von Fischern Boote nach **Central Island** mieten, Kenias größter Brutstätte für Krokodile.

SPORT & AKTIVITÄTEN

Kenianer sind sportbegeistert – nicht nur die einheimischen Marathonläufer, die besten der Welt, feuert man hier an, auch Rugby und Fußball begeistern die Massen.

Wer im Urlaub selbst aktiv werden will, hat die Qual der Wahl: Ob Tauchen oder Bergsteigen, Surfen oder Golfen, Tennis oder Schnorcheln, alles ist im Angebot. Bei aller Begeisterung sollte man es aber langsam angehen lassen: Die Äquatorsonne und vielerorts die Höhe belasten den Organismus mehr als zu Hause.

BERGSTEIGEN

Der Mount Kenya, Afrikas zweithöchster Berg, gilt vielen Bergsteigern als größere Herausforderung als der bekanntere Kilimandscharo, der nur von Tansania aus bestiegen werden kann *(s. S. 53).* Während zwei der drei Gipfel des Mount Kenya, *Batian* und *Nelion,* nur für Profis zu bezwingen sind, ist der *Lenana*-Gipfel leichter zu erklimmen. Voraussetzung aber auch hier ist, dass das Wetter mitspielt: Während der Regenzeit zwischen Mitte März und Ende Juni sowie Mitte Oktober und Ende Dezember ist eine Besteigung nicht möglich. Informationen rund um den Berg hat der *Mountain Club of Kenya* am Wilson Airport, Nairobi *(www.mck.or.ke).* Der Club veranstaltet regelmäßig Touren für seine Mitglieder und engagiert sich zunehmend auch fürs Mountainbiking. Geführte Wanderungen für Nicht-Bergsteiger ebenso wie Aufstiege mit einheimischen Führern

Bild: Bergwandern am Mount Elgon

Beim Tauchen, Trekking, Bergsteigen und Fischen kommen vor allem Sportler mit Hang zum Außergewöhnlichen auf ihre Kosten

(vorgeschrieben!) können in der *Naro Moru River Lodge (s. S. 89)* gebucht werden. Bei Spaziergängen, vor allem aber beim Bergsteigen unbedingt die Höhe berücksichtigen und Zeit zum Akklimatisieren einplanen!

BIKEN

Kenianer haben mit der Einführung billiger chinesischer Fahrräder das Radfahren entdeckt, und auch immer mehr Touristen radeln jetzt durchs Land, wenn auch mit angepassteren Gefährten. **INSIDER TIPP** Mountainbiking lässt sich im *Hell's Gate National Park* oder am Rand der Massai Mara organisieren. Ein Spezialveranstalter für solche Radtouren ist *Bike Treks (Tel. 020 4 44 63 71 | www. biketreks.co.ke)*. Fahrradverleihe gibt es auch in allen größeren Küstenorten. Fahrradsafaris und mehrstündige Touren die Küste entlang organisiert *Bike the Coast (Tel. 0722 87 37 38 | www.bike thecoast.com)* auf der Gokartbahn in Mtwapa.

FISCHEN

Dass Kenia ein Paradies für Sportfischer ist, schätzte nicht zuletzt der passionierte Jäger und Hochseefischer Ernest Hemingway. Dorade, Kingfish, Segelfisch, Schwertfisch, Thunfisch und (selten) Marlin gehören zur Ausbeute, die Sportfischer aus dem Meer vor Kenias Nordküste ziehen. Beliebteste Basis ist Watamu, aber auch Malindi, Lamu und die Nordküste zwischen Mombasa und Watamu bietet gute Chancen. Infos, auch zu den mehrmals jährlich stattfindenden Angelwettbewerben, gibt es von der *Kenya Association of Sea Anglers (www.sportfishingkenya.org)*. Die meisten Hotels arrangieren Bootstouren, Ausrüstung und Mannschaft inklusive. Je nach Standard zahlen Sie bei einem professionellen Anbieter zwischen 200 und 500 Euro für einen halben Tag.

Beste Informationen und Kontakte gibt es im *Hemingway's (Watamu | Tel. 042 2 33 20 52 | www.hemingways.co.ke)* und (preiswerter) gleich nebenan im *Ocean Sports (Tel. 042 3 20 08)*. Hochsaison ist Februar/März, viele Zimmer und Boote sind dann allerdings schon ein Jahr im Voraus ausgebucht. Die Fangsaison beginnt indes schon im August. Nur zwischen April und Juli ist das Wasser wegen des Monsuns meist zu unruhig, um auszufahren.

GOLF

Viele kenianische Golfclubs bewahren bis heute den Charme der Kolonialzeit. Seit Kurzem werden aber auch moderne Plätze angelegt. Beide haben gemeinsam, dass sie meist landschaftlich wunderschön gelegen sind und so Spielgenuss und Erholung zugleich bieten. Die Greenfee liegt je nach Platz zwischen 20 und 50 Euro. Der *Windsor Golf & Country Club* nahe Nairobi *(Tel. 020 8 56 23 00 | www.windsorgolfresort.com)* hat sich auf Golfreisende spezialisiert, ebenso die *Great Rift Valley Lodge* nahe Naivasha *(Tel. 020 4 44 56 72 | www.heritage-eastafrica.com)*. INSIDER TIPP *Vipingo Ridge,* ein nach USGA-Richtlinien angelegter 18-Loch-Platz an der Nordküste, begeistert mit endlosem Panoramablick auf den Indischen Ozean *(nördlich von Bamburi Beach | Tel. 0733 90 59 07)*.

MARATHON

Dafür, dass Kenianer bei den meisten Marathonläufen selbst Äthiopier und Jamaikaner weit hinter sich lassen, gibt es wenig Angebote, die sich an Hobbyläufer wenden. Ein Anbieter, der sich auf Höhentrainings nahe der Stadt Eldoret (2400 m!) spezialisiert hat, ist der Aachener Reiseveranstalter *Papamusili Safaris (Tel. 0241 40 08 55 12 | papamusilisafaris. eu)*. Bei den zahlreichen Marathonläufen, etwa dem *Lewa Marathon* im gleichnamigen Reservat im Norden Kenias *(www. lewa.org)*, dem *Nairobi Marathon (www. nairobimarathon.com)* oder dem Marathon durch die *Massai Mara (masaima ramarathon.org)* kann jeder, der sich das zutraut, mitlaufen.

SURFEN & SEGELN

Fast alle besseren Strandhotels vermieten für ca. 10 Euro die Stunde Surfbretter und geben auf Wunsch Unterricht. In der *Che Shale Bay* nördlich von Malindi *(www.cheshale.com)* kann man INSIDER TIPP Kitesurfing lernen, dabei wird das Surfbrett von einem Lenkdrachen gezogen. Je nach Windgeschwindigkeit kann das Brett dabei auch schon mal abheben. Segelboote vermietet u. a. die *Forty Thieves Bar* an der Südküste *(Tel. 040 3 20 20 33)*.

TAUCHEN & SCHNORCHELN

Die bunte Unterwasserwelt Kenias lässt sich nur mit der Vielfalt der Flora und Fauna der Nationalparks vergleichen: Fische leuchten in knalligen Farben, Sonnenstrahlen brechen sich an den vor Leben wimmelnden Riffen. Die besten Tauchgründe findet man in den Meeresnationalparks Kenias: in *Malindi-Watumu, Mombasa* und allen voran im ⭐ *Kisite-Mpunguti Marine National Park* an der Südküste. Drei Meeresreservate – *Diani-Chale, Mombasa Marine National Reserve* und *Kiunga* – sind ebenfalls sehenswert. Attraktive Riffe südlich von

0712 91 85 89 | www.wasinidhow.com). Die beste Zeit zum Tauchen ist zwischen Oktober und März; von Juni bis August ist das Wasser dagegen besonders aufgewühlt, sodass man kaum etwas sieht. Außer einem Tauchschein (der kann aber vor Ort in Kenia auch erworben werden) ist Ortskenntnis wichtig: Die ersten Tauchgänge auf unbekanntem Terrain unternimmt man am besten mit einem ortskundigen Führer.

WANDERN & TREKKING

Gut wandern kann man rund um den Mount Kenya und in Teilen der Aberdares.

Begegnung mit Großaugenbarschen im Indischen Ozean

Wasini Island können mit einem Boot von Shimoni aus erkundet werden. Zumeist verleihen die Bootsbesitzer auch Masken und Schnorchel, Verhandlungsbasis für das Komplettpaket: um die 100 Euro. Der Eintritt für die Meeresnationalparks kostet 15 US $, für Kisite-Mpunguti 20 US $. Tauchfahrten organisiert u. a. *Wasini Dhow (Tel. 040 3 20 21 44 oder*

Wenig besucht und wunderschön ist der Mount Elgon. Safaris zu Fuß organisieren u. a. der Spezialveranstalter *Wilderness Trails (Tel. 020 60 04 57 | www.bush-homes.co.ke),* die *Kenya Museum Society (National Museum of Kenya | Nairobi | Tel. 020 3 74 38 08 | www.kenyamuseumsociety.org)* und *Game Trackers (s. Praktische Hinweise, S. 113).*

MIT KINDERN UNTERWEGS

Egal ob Ihre Kinder mal toben, schreien oder quer durchs Lokal laufen: In Kenia werden Sie mit Kindern dennoch liebenswürdig empfangen. Schließlich haben fast alle Kenianer schon in jungen Jahren selber Kinder. Deshalb wird man alles tun, um Ihren Kleinen einen erlebnisreichen Urlaub zu garantieren.

Ab zwei Jahren wird normalerweise der halbe Übernachtungspreis fällig, darunter sind Kinder kostenlos. Die meisten Hotels und Safarilodges bieten Ihnen einen Babysitter oder einen Türwächter, der Sie sofort alarmiert, wenn aus dem Zimmer Geschrei zu hören ist. Kindersitze fürs Auto sind unbekannt – im Zweifel mitbringen, ebenso wie Windeln, spezielle Cremes und Medikamente.

Wenn Ihr Kind alt genug ist, um im Nationalpark Tiere beobachten zu wollen, kaufen Sie ihm unbedingt ein eigenes Fernglas und/oder eine eigene Kamera. Ein **INSIDER TIPP** schönes Popup-Erklärbuch für Kinder ab sechs ist „Expedition Afrika – Abenteuer Safari" von Paul Beck. Ein toller Kinderführer ist „KenyaBUZZ Kids", wo auf 90 Seiten Adressen und Tipps für Kinder von 0 bis 18 Jahren aufgeführt sind (in allen Buchläden erhältlich).

Gefährlicher als Europa ist Afrika für Kinder nicht: Solange Sie nicht im Busch leben wollen, sind die drohenden gesundheitlichen Gefahren denen einer Mittelmeerinsel ähnlich – von Malaria abgesehen. Der Schutz vor Moskitostichen und damit Malaria ist bei Kindern noch wichtiger als bei Erwachsenen. Sprechen Sie mit Ihrem Kinderarzt, ob er zu einer Prophylaxe rät. Achten Sie darauf, dass Ihr Kind immer einen Sonnenhut trägt und mit Sonnencreme mit hohem Lichtschutzfaktor vor der Äquatorsonne geschützt ist. Erinnern Sie es immer wieder daran, Wasser zu trinken. Bei kleineren Kindern müssen Sie bei Durchfall früh darauf achten, dass das Kind nicht dehydriert; viel Wasser und eine aus der heimischen Apotheke mitgebrachte Elektrolytlösung verhindern das.

DIE KÜSTE

TAUCHEN (139 D5) (*M14*)
Tauchunterricht speziell für Kinder erteilt z.B. Thomas Sollacher in seinem *Diani Marine Scuba Diving Centre* an der Südküste. *Ukunda | Tel. 040 3 20 23 67 | thomas@dianimarine.com*

WILDWATERS (139 E4) (*M–N13*)
Das Funbad mit mehreren Schwimmbecken, diversen Erlebnisrutschen und

Kenias größte Attraktion ist natürlich die Tierwelt. Zebras, Löwen, Elefanten in freier Wildbahn – ein Riesenerlebnis!

Spielgeräten liegt nicht weit von der Mamba-Krokodilfarm in Nyali entfernt. *Tgl. 11–18 Uhr | www.wildwaterskenya.com*

NAIROBI

INSIDER TIPP ▸ DAPHNE SHELDRICK'S ORPHANAGE ● (130 C3) (*K8*)
Der Besuch in Daphne Sheldricks Tierwaisenheim ist beileibe nicht nur für Kinder ein Vergnügen: Jeden Tag um 11 Uhr kann man hier verwaisten Elefanten- und Nashornbabys beim Futtern und Spielen zusehen. *Magadi Road | www.sheldrick wildlifetrust.org*

LANGATA GIRAFFE CENTRE
(130 C3) (*K7*)
Auf der erhöht gelegenen Terrasse steht man hier Rothschild-Giraffen Auge in Auge gegenüber und kann die zutraulichen Tiere sogar füttern – ein tolles Erlebnis und ein Heidenspaß, nicht nur für Ihre Kinder. *Tgl. 9–17.30 Uhr | Gogo Falls Road | Langata*

NORDEN/SÜDWESTEN/SÜDOSTEN

INSIDER TIPP ▸ ADVENTURERS CLUB
Camps der Heritage-Gruppe bieten schon kleineren Kindern im *Adventurers Club* spannende Spiele rund um die Natur in Begleitung eines Massai. Für die Größeren gibt's die *Young Rangers*, bei denen Sport, Wanderungen und eine spannende „Busch-Schule" angeboten werden. Locations: *Samburu Intrepids, Mara Intrepids, Siana Springs, Voyager Ziwani (Tsavo), Great Rift Valley Lodge (Naivasha). Heritage Hotels | Tel. 020 4 44 47 17 | www.heritage-eastafrica.com/kids-teens*

OZONE KIDS CLUB
Spezialprogramm für Kinder von der Sarova-Gruppe, ähnlich wie der Adventurers Club, mit Schwimmgalas, Wandern und vielem mehr. Locations: *Sarova Whitesands (Nordküste), Lion Hill (Nakuru), Sarova Shaba. Sarova Hotels | Tel. 020 2 71 66 88 | www.sarovahotels.com*

EVENTS, FESTE & MEHR

Die Feste in Kenia sind so vielseitig wie seine Bevölkerung: Begangen werden christliche, muslimische und hinduistische Feiern, und jeder – gleich welcher Religion er angehört – darf mitfeiern. Große Sportevents ziehen die Massen besonders an.

OFFIZIELLE FEIERTAGE

An diesen Tagen bleiben Banken, Behörden und die meisten Geschäfte geschlossen: **1. Jan.** *Neujahr;* **Karfreitag** und **Ostermontag; 1. Mai** *Tag der Arbeit;* **1. Juni** *Madaraka Day* (Unabhängigkeitstag); **10. Okt.** ehemals *Moi Day;* **20. Okt.** *Kenyatta Day;* **12. Dez.** *Jamhuri Day* (Gründung der Republik); **25./26. Dez.** *Weihnachten.* Die muslimischen Feste *Idd al Fitr* (Ende der Fastenzeit Ramadan) und *Idd al Hadsch* (Opferfest), die sich nach dem Mondkalender richten und zu wechselnden Daten stattfinden, sind ebenfalls Feiertage.

RELIGIÖSE FEIERTAGE UND FESTE

JANUAR

▶ **INSIDER TIPP** *Dhow-Regatta:* Am Neujahrstag versammelt sich ganz Lamu am Strand von Shela, wo gegen Mittag die traditionelle Dhow-Regatta startet. Die Teams üben wochenlang für das Rennen, das meist mit dem Versenken der Sieger-Dhow endet.

▶ *Maulidi al Nabi:* Zum Geburtstag des Propheten versinkt Lamu für eine Woche in den ausgelassenen Feiern gläubiger Muslime. Es wird gesungen, getrommelt und getanzt; die Bevölkerung feiert mit Stocktänzen und Dhow-Regatten. Bewegliches Fest nach dem Mondkalender. **2013: 24. Jan., 2014: 13. Jan.**

FEBRUAR

▶ *Kijani Festival:* klassische Musik, Oper und Ballett am Fuß des Mount Kenya oder mitten im Nationalpark. Das Programm ändert sich jedes Jahr, Details unter www.kijanikenyatrust.org

JUNI/JULI

▶ *Lewa-Marathon:* Der Lauf über staubige Lehmstraßen im Schutzgebiet der *Lewa Conservancy* im Norden Kenias gilt als eine der größten Herausforderungen weltweit, der sich jedes Jahr ca. 700 Athleten aus aller Welt stellen. www.lewa.org

▶ *Rhino Charge:* Bei der Rallye, die traditionell am ersten Juni-Wochenende stattfindet, geht es nicht nur darum, schnellster zu sein – Sonderpreise gibt es auch für

Kenia hat viel zu feiern: So vielfältig wie die Bevölkerung sind auch die Feste, die die einzelnen Volksgruppen feiern

das schrillste Auto oder das auffälligste Team. Es ist das Wochenende der KCs, der *Kenyan Cowboys*, wie die weißen Kenianer vom Land auch genannt werden. Der Gewinn aus der Querfeldein-Geländefahrt fließt dem Schutz der bedrohten Nashörner zu. *www.rhinocharge.co.ke*

▶ **INSIDER TIPP** *Große Tierwanderung:* Von August bis Oktober wimmelt die Massai Mara von Tieren: Dann wandern mehr als 2 Mio. Gnus, Zebras und Antilopen aus der Serengeti in den kleinen Park, um das frische Gras zu fressen – und werden ihrerseits zum Festmahl für Raubkatzen. Wenn alles abgeweidet ist, kehren die Tiere wieder um. In beide Richtungen müssen sie dabei den Mara-Fluss überqueren, wo Krokodile lauern – ein atemberaubendes Spektakel!

SEPTEMBER

▶ *Concours d'Élégance:* Ein buntes Fest rund um Oldtimer, die Bastler und Sammler hier einmal im Jahr stolz von der Öffentlichkeit bestaunen lassen. Nairobis Upper Class kommt im passenden Vintage-Outfit mit bunten Hüten und langen Röcken. *www.concourskenya.com*

NOVEMBER

▶ ● *Lamu Cultural Festival:* Für ein Wochenende wird die Unesco-geschützte Altstadt von Lamu Town zur Open-Air-Bühne. Zum Programm gehören Tanzvorführungen, Lesungen und Kunstausstellungen. *www.lamuheritage.org*

▶ **INSIDER TIPP** *East African Safari Classic Rally:* Einst war sie eine der bedeutendsten Rallyes der Welt, heute ist sie ein riesiges Spektakel: In mindestens 30 Jahre alten Autos brettern die Piloten von Mombasa aus in zehn Tagen 5000 km durch die Wildnis Kenias und Tansanias. Entlang der Strecke gibt es mehrere Tribünen. *www.eastafricansafarirally.com*

DEZEMBER

▶ *Jamhuri Day:* Feiertag am 12. Dez. mit Umzügen und Ansprachen im Gedenken an den Tag der Unabhängigkeit 1963.

ICH WAR SCHON DA!

Drei User aus der MARCO POLO Community verraten ihre Lieblingsplätze und ihre schönsten Erlebnisse

GARTEN DER SINNE

Kenia ist ein Erlebnis für alle Sinne: Die Geräusche der Wildnis in der Nacht, der salzige Staub der Nationalparks, der sich auf die Haut legt, das Erschauern beim Anblick der wilden Tiere – sehr sinnliche Erlebnisse, die sich in die Seele einprägen. Nach einer solchen Entdeckungsreise konnte ich im *Sentido Neptune Village (Galu Beach)* so richtig die Seele baumeln lassen. Wundervoll ist es, durch den Garten zu schlendern und die betörenden Düfte der tropischen Blumen zu genießen. Das Personal des Hotels ist sehr um das Wohl der Gäste besorgt. **Alyha aus Zweibrücken**

SOMMERTRAUM

Wir hatten in Kenia eine Kombination aus entspannendem Badeurlaub und aufregender Safari. Untergebracht waren wir in der Hotelanlage *Papillon Lagoon Reef.* Das Hotel liegt direkt am Strand von Diani Beach, was einen erholsamen Urlaub garantiert! Dieser Urlaub war einmalig und zeigte uns einen Einblick in eine andere Welt! **doro024 aus St. Pölten**

KÜSSCHEN, BITTE!

Während einer Safari haben wir nicht nur die unglaubliche Weite des Landes gesehen, sondern durften viele Wildtiere in ihrer natürlichen Umgebung erleben – grandios! Da ein solcher Ausflug hungrig macht, suchten wir in Nairobi das Restaurant *Habesha* auf *(Argwings Kodhek Road)*, das leckere einheimische Gerichte serviert. **Knipstante aus Stadtoldendorf**

Haben auch Sie etwas Besonderes erlebt oder einen Lieblingsplatz gefunden, den nicht jeder kennt? Gehen Sie einfach auf www.marcopolo.de/mein-tipp

LINKS, BLOGS, APPS & MORE

LINKS

▶ www.marcopolo.de/kenia Alles auf einen Blick zu Ihrem Reiseziel: interaktive Karten inklusive Planungsfunktion, Impressionen aus der Community, aktuelle News und Angebote ...

▶ www.magical-kenya.de Offizielle Site des kenianischen Fremdenverkehrsverbands (dt.) mit Filmen, Bildern und Infos zur Reiseplanung. Links führen zu einer Auswahl von deutschsprachigen Reiseveranstaltern, die in Kenia aktiv sind

▶ www.kenyabuzz.com Umfassender Eventkalender für Nairobi und den Rest Kenias mit Adressenverzeichnis und Tagestipps (auf Englisch)

▶ www.eatout.co.ke Restaurantkritiken von Hunderten Restaurants, Cafés, Bars und Nachtclubs im ganzen Land (engl.). Hilfreich ist die Suche in der näheren Umgebung mit Hilfe einer digitalen Karte

▶ liportal.inwent.org/kenia.html Ausführliche Hintergrundinfos zu Land, Leuten, Wirtschaft, Politik und Gesellschaft von der Gesellschaft für Internationale Zusammenarbeit (GIZ)

▶ www.travelnewskenya.travel Kostenfreies E-Magazin mit News, Tipps und Beschreibungen von Urlaubsorten in Kenia (engl.). Hinter dem Magazin steckt die Redaktion des ehemaligen tn-Magazins, das vom Verlag eingestellt wurde

BLOGS & FOREN

▶ www.kwani.org Blog von Kenias bekanntesten Schriftstellern und Wortakrobaten; hier werden auch alle Lesungen bekanntgegeben (auf Englisch)

▶ www.kilienya.de/de/home/team.php Blog eines deutschen Kletterteams, das den Mount Kenya und den Kilimandscharo erklommen hat. Außer vielen Fotos steht hier auch die nützliche Packliste zum Download bereit!

▶ www.kenyatravelideas.com/index.html Kenia-Liebhaberin Siggi sammelt

Egal, ob Sie sich auf Ihre Reise vorbereiten oder vor Ort sind: Mit diesen Adressen finden Sie noch mehr Informationen, Videos und Netzwerke, die Ihren Urlaub bereichern. Da manche Adressen extrem lang sind, führt Sie der kürzere short.travel-Code direkt auf die beschriebenen Websites

BLOGS & FOREN

in ihrem Blog (engl.) echte Insider-tipps: besondere Hotels, charmante Restaurants oder auch ungewöhnliche Ausflüge etwa auf eine Teeplantage oder in eine kaum besuchte Mangrovenbucht

▶ www.nairobinights.info Hier bloggt eine kenianische Prostituierte über ihren Alltag – und sorgt damit für Gesprächsstoff. Die Posts der Hochschulabsolventin Sue decken vieles auf, was hinter den Kulissen passiert. Von der Deutschen Welle als bester englischsprachiger Blog 2011 nominiert

VIDEOS

▶ short.travel/ken1 Videoblog der ARD-Afrika-Korrespondenten, in dem Peter Schreiber und Werner Zeppenfeld (beide Nairobi) Informatives, Lustiges und Schräges zusammentragen

▶ short.travel/ken2 Rundreise durch Kenia mit den beeindruckendsten Sehenswürdigkeiten (Youtube)

▶ short.travel/ken3 Professionell gemachte Reisedoku u.a. durch Tsavo und die Massai Mara in drei Teilen (Youtube)

APPS

▶ David Sheldrick Wildlife Trust Liebevoll gestaltete, kostenlose App aus dem Elefantenwaisenhaus von Daphne Sheldrick. Hier kann man das Schicksal der einzelnen Elefantenwaisen im Detail verfolgen (engl.)

▶ The Kingdon Guide to African Mammals Der hervorragende Tierführer (engl.) in einer handlichen Version für iPhone und iPad. Auf Safari lassen sich damit auch offline hervorragend alle vor die Linse gelaufenen Tiere bestimmen

NETWORK

▶ www.travelfeedback.com/reiseziele/Kenia/Nairobi Praktische Site, bei der Urlauber ihre Bewertungen von Hotels etc. eingeben (Mitgliedschaft kostenlos)

▶ www.facebook.com/KenyaBuzz Facebook-Präsenz des keniaweiten Veranstaltungskalenders von *Kenya Buzz*. Hier werden aktuelle Highlights diskutiert, und User geben private Tipps

PRAKTISCHE HINWEISE

ANREISE

✈ Nairobis Kenyatta International Airport liegt 20 km südlich der Innenstadt. Mehrmals täglich fliegen *KLM* und *Kenya Airways* ab Amsterdam, *Swiss* fliegt fünfmal wöchentlich von Zürich, *British Airways* täglich, *Virgin Atlantic* mehrmals wöchentlich ab London-Heathrow, *SN Brussels* mehrfach die Woche ab Brüssel. Mit Umwegen, dafür günstiger, kommt man mit *Emirates* (via Dubai), *Ethiopian* (via Addis Abeba), *Qatar Airways* (via Doha), *Egypt Air* (via Kairo) oder *Turkish Airlines* (via Istanbul) nach Nairobi. Direkt nach Mombasa fliegen je nach Saison *Edelweiß, Condor* und *Air Berlin,* sonst muss man in Nairobi einreisen, das Gepäck einsammeln und zum Inlandsterminal wechseln.

GRÜN & FAIR REISEN

Auf Reisen können auch Sie mit einfachen Mitteln viel bewirken. Behalten Sie nicht nur die CO_2-Bilanz für Hin- und Rückflug im Hinterkopf *(www.atmosfair.de)*, sondern achten und schützen Sie auch nachhaltig Natur und Kultur im Reiseland *(www. gate-tourismus.de; www.zukunft-reisen.de; www.ecotrans.de)*. Gerade als Tourist ist es wichtig, auf Aspekte zu achten wie Naturschutz *(www. nabu.de; www.wwf.de)*, regionale Produkte, Fahrradfahren (statt Autofahren), Wassersparen und vieles mehr. Wenn Sie mehr über ökologischen Tourismus erfahren wollen: europaweit *www.oete.de*; weltweit *www.germanwatch.org*

AUSKUNFT

BOTSCHAFT DER REPUBLIK KENIA
10969 Berlin | Markgrafenstr. 63 | Tel. 030 2 59 26 60 | www.embassy-of-kenya.de

KENYA WILDLIFE SERVICE
Nairobi | Langata Road | Tel. 020 60 08 00 | www.kws.go.ke

KENYA TOURISM BOARD
Nairobi | Ragati Road | Upper Hill | Tel. 020 2 711 62 | www.magical-kenya.de

AUTO

In Kenia herrscht Linksverkehr. Wer sich selbst ins chaotische Verkehrsgetümmel stürzen will, anstatt wie die meisten ein Auto mit Chauffeur zu mieten, braucht Mut und Vorsicht. Dass in Kenia links vor rechts gilt, wissen auch viele Kenianer nicht. Wichtigste Regel: nach Einbruch der Dunkelheit nur noch innerhalb der Städte fahren – Wildtiere (und viele Autos) haben keine Rücklichter. Straßen sind größtenteils in schlechtem Zustand, achten Sie auf Schlaglöcher. An Polizeisperren stets halten. Geschwindigkeitsbegrenzungen: in der Stadt 50, auf Schnellstraßen 100 km/h, im Nationalpark Schritt fahren.

AUTOMOBILE ASSOCIATION OF KENYA (AAK)
Nairobi | Embakasi | Tel. 020 82 50 60 | www.aakenya.co.ke

BANKEN & GELD

Währungseinheit ist der Kenianische Shilling (KSh). Banknoten gibt es zu 50,

Von Anreise bis Zoll

Urlaub von Anfang bis Ende: die wichtigsten Adressen und Informationen für Ihre Kenia-Reise

100, 200, 500 und 1000 Shilling; Münzen zu 1, 5, 10 und 20.

In den Städten können Euro, US-Dollar und Reiseschecks in Banken und Forex-Büros (geht schneller) eingelöst werden. Mit Kreditkarte und PIN kann Geld an den selbst auf dem Land verbreiteten Geldautomaten gezogen werden. Auch die Maestro (EC)-Karte wird an Pesa-Point-Automaten akzeptiert, das Limit liegt bei 20 000 Shilling. Hotels und Restaurants können ebenso wie Safari-Packages mit Kreditkarte bezahlt werden, oft wird dafür ein Zuschlag von fünf Prozent verlangt. Hotels und Nationalparkeintritte werden oft in US-Dollar berechnet (in diesem Fall sind die Preise im Reiseführer in US-Dollar angegeben). Sie können aber (zu schlechtem Wechselkurs) auch in Shilling bezahlt werden. Alle anderen Kosten werden in Shilling beglichen. Im Reiseführer sind wegen der starken Kursschwankungen meist nur Richtwerte in Euro angegeben.

BUS

Die großen Städte sind alle mit Überlandbussen verbunden. Sehen Sie sich vor Kauf der Fahrkarte den Bus an, mit dem Sie fahren: Neben modernen Bussen gibt es noch viele alte Karossen, die nicht sicher scheinen. Fahren Sie nie über Nacht!

CAMPING

Campen bietet sich nur in den Nationalparks an, die alle mindestens einen Platz haben. Ein Verzeichnis der meisten Plätze gibt es auf der Website des KWS: *www.kws.org*. Wichtig: alles mitbringen, oft gibt es weder Wasser noch Toiletten.

DIPLOMATISCHE VERTRETUNGEN

DEUTSCHE BOTSCHAFT

Ludwig-Krapf-Haus | 113 Riverside Drive | Riverside | Nairobi | Tel. 020 4 26 21 00 | www.nairobi.diplo.de

DEUTSCHES HONORARKONSULAT

Saleem Ghalia | Ivory House | Dedan Kimathi Avenue (gegenüber Mombasa Law Courts) | Mombasa | Tel. 0412 22 87 81, Notruf 0736 80 01 66

ÖSTERREICHISCHE BOTSCHAFT

City House, 2nd floor | Standard Street | Nairobi | Tel. 020 31 90 76 | nairobi-ob@bmeia.gv.at

ÖSTERREICHISCHES HONORARKONSULAT

Ralli House | Nyerere Av. | Mombasa | Tel. 0412 31 33 86 | tibor@tgaalarchitects.co.ke

SCHWEIZER BOTSCHAFT

International House, 7th floor | Mama Ngina Street | Nairobi | Tel. 020 2 22 87 35 | www.eda.admin.ch/nairobi

EINREISE

Besucher benötigen ein Visum, das problemlos bei der Einreise am Flughafen ausgestellt wird. Voraussetzung ist ein Reisepass, der noch sechs Monate Gültigkeit besitzt. Bei der Einreise füllen Sie das Visumsformular und die kleinere Einreisekarte aus. Ein Visum für maximal drei Monate kostet zzt. 40 Euro, Verlängerungen müssen im *Nyayo House,* Nairobi, beantragt werden. Wer innerhalb von Ostafrika reist (z. B. nach

Tansania), muss bei Wiedereinreise nach Kenia kein neues Visum kaufen, weil er die Ostafrikanische Gemeinschaft nicht verlassen hat.

GESUNDHEIT

Wer aus Europa anreist, muss keine Impfungen nachweisen. Wollen Sie jedoch innerhalb von Afrika reisen, etwa nach Tansania, ist eine Gelbfieber-Impfung Pflicht, der Impfpass wird an der Grenze kontrolliert. Empfohlen wird von Ärzten außer den Grundimpfungen (Tetanus, Polio, Diphtherie) eine Impfung gegen Hepatitis A (Gelbsucht). Eine Typhusimpfung braucht nur, wer auf eigene Faust im Hinterland unterwegs ist.

WAS KOSTET WIE VIEL?

Kaffee	**1,70 Euro** *für eine Tasse*
Nationalparks	**20–80 Euro** *Eintritt für Parks/Reservate*
Bier	**um 2 Euro** *für eine Flasche 0,5 l im Restaurant*
Benzin	**2 Euro** *für einen Liter Super*
Taxi	**um 25 Euro** *vom Flughafen in die Innenstadt von Nairobi*
Snack	**um 1,50 Euro** *für einen Samosa*

Malaria ist in Kenia weit verbreitet. Der Erreger wird von der Anophelesmücke übertragen, die vor allem in der Dämmerung (morgens und abends) aktiv ist. Hauptsymptome sind Fieber, das teils in Schüben auftritt, und alle Anzeichen einer schweren Grippe. Eine Impfung gegen Malaria gibt es nicht. Chemoprophylaxe (verschreibungspflichtig) bewirkt nur, dass die Krankheit beim Ausbruch weniger heftig verläuft. Weil die Inkubationszeit bis zu vier Wochen beträgt, muss man auch nach der Rückkehr von der Reise auf Malariasymptome achten. Selbst beim geringsten Verdacht sofort testen lassen! Am besten, man lässt sich gar nicht erst stechen: Mückensprays, lange Hemden und Hosen helfen dabei ebenso wie nachts ein Moskitonetz.

Kenia hat eine sehr hohe HIV-Rate, vor allem in den Touristengebieten. Sex ohne Kondom ist daher lebensgefährlich und unnötig: Kondome sind selbst in entlegenen Orten überall erhältlich.

In Kenias Krankenhäusern gilt: Erst wird bezahlt (meist bar), dann behandelt. Gehen Sie deshalb bei schlimmeren Erkrankungen möglichst zu zweit. Unbedingt empfehlenswert ist eine Mitgliedschaft bei den *Flying Doctors,* einem medizinischen Notdienst per Flugzeug: für 25 US $ bekommt man einen zweimonatigen Schutz fürs ganze Land *(AMREF | Wilson Airport | Nairobi | Tel. 020 6 99 30 00 | www.amref.org).* Die Organisation steckt ihre Überschüsse in das Training von Ärzten und in medizinische Projekte in ganz Afrika. Unbedingt vor der Reise abschließen sollte man eine Auslandskrankenversicherung mit Rückholoption.

KRANKENHÄUSER

– *Pandya Memorial Hospital | Dedan Kimathi Avenue | Mombasa | Tel. 041 2 31 35 77, 2 31 38 94*

– *Aga Khan University Hospital | 3rd Parklands Ave. | Parklands | Nairobi | Tel. 020 3 66 20 20*

– *Gertrude's Garden (Kinderkrankenhaus) | Muthaiga Road | Nairobi | Tel. 020 3 76 34 74*

– *Diani Beach Hospital | Diani Beach | Tel. 040 3 20 22 07*

INLANDSFLÜGE

Kenias Inlandsflugnetz ist in den vergangenen Jahren rapide gewachsen. Außer *Kenya Airways (www.kenya-airways.com)* verbinden *Air Kenya (www.airkenya.com)*, *Fly540 (www.fly540.com)* und *Safarilink (www.safarilink.com)* Mombasa, Nairobi, Kakamega, Kisumu, Kitale, Lamu, Lodwar, Ukunda (Südküste) und zahlreiche Nationalparks miteinander. Die Flüge sind günstig (meist unter 100 Euro) und am einfachsten über das Internet zu buchen. Achten Sie bei Flügen ab Nairobi darauf, ob Ihre Maschine vom Internationalen Flughafen *(Jomo Kenyatta)* oder vom kleineren, zentraleren Flughafen *Wilson Airport* abfliegt.

MEDIEN

Kenias Pressefreiheit ist für Afrika vorbildlich. Selbst unter der autoritären Herrschaft Daniel arap Mois konnten die Kenianer stets kritische Kommentare in den Zeitungen lesen – zur Not wurden die Blätter auch mal unter dem Ladentisch verkauft. Heute gibt es eine breite Auswahl (in englischer Sprache) überall auf den Straßen zu erstehen: die „Daily Nation" ist die Zeitung mit der größten Verbreitung, gefolgt vom „East African Standard". „Business Daily" legt den Fokus auf Wirtschaft in der Region. Die Wochenzeitung „East African" gibt einen brillanten Überblick und eine Einordnung der Geschehnisse in ganz Ostafrika. „Destination" heißt Kenias reich bebildertes Reisemagazin.

MIETWAGEN

Internationale Autoverleiher haben in Mombasa und Nairobi Niederlassungen, sind aber sehr teuer. Kenianische Unternehmen sind deutlich günstiger. Prüfen Sie unbedingt vor Abfahrt den Wagen auf seinen Zustand und vergessen Sie dabei nicht den Ersatzreifen – die Wahrscheinlichkeit ist groß, dass Sie ihn brauchen werden!
– *Platinum Car Hire: Nairobi | Waiyaki Way | Tel. 020 4 44 24 85 | www.platinumsafaris.com*
– *Concorde Car Hire: Nairobi | Shell-Tankstelle | Ring Road | Westlands | Tel. 20 4 44 89 53 | www.concorde.co.ke*

WÄHRUNGSRECHNER

€	KSh	KSh	€
1	105	10	0,09
2	210	20	0,18
3	315	25	0,22
4	420	30	0,27
5	525	40	0,36
6	630	50	0,45
7	735	70	0,63
8	840	80	0,72
9	945	90	0,81

POST

Eine Postkarte per Luftpost kostet ebenso wie ein Luftpostbrief 75 Shilling Porto, Laufzeit: ein bis zwei Wochen. Für eilige Sendungen gibt es DHL.

REISEUNTERNEHMEN

GAME TRACKERS

Abenteuersafaris mit Zelten, Outdoor-Erlebnisse. *Nairobi | Nginyo Towers | Koinange/Moktar Daddah St. | Tel. 020 2 21 28 31, 2 22 27 03 | www.gametrackersafaris.com*

LET'S GO SAFARI

ABC Place | Waiyaki Way | Westlands | Nairobi | Tel. 020 4 44 71 51 | www.uniglobeletsgotravel.com

PHOENIX SAFARIS
Deutsch geführtes Reisebüro mit vielen Angeboten. *Village Market | Nairobi | Tel. 020 712 22 54 | www.phoenix-safaris.de*

PRIVATE SAFARIS
Maßgeschneiderte Touren vor allem im hochpreisigen Segment. *Mobil Plaza | Muthaiga | Nairobi | Tel. 020 3 60 70 00 | www.privatesafaris.co.ke*

REISEZEIT

An der Küste sinken die Wassertemperaturen nie unter 21 Grad. Jahresmittel in Mombasa: 27–31 Grad (Luft). Hochsaison und heißeste Jahreszeit an der Küste ist Dezember/Januar. Etwas kühler sind Juli/August. Reiseeinschränkungen kann es während der Regenzeit geben, Ende März–Mitte Mai und November/Dezember. Dann sind einige Regionen (Aberdares, der Norden, Amboseli, Massai Mara) zeitweise mit dem Wagen unpassierbar.

SICHERHEIT

Auf Lamu und Manda sind 2011 mehrmals Touristen entführt worden. Vor einer Reise dorthin ist es ratsam, sich auf der Website des Auswärtigen Amts über aktuelle Reisewarnungen zu informieren.

STROM

Wechselstrom mit 230–240 Volt Netzspannung. Da die Anschlüsse der britischen Norm entsprechen, sind für deutsche Geräte dreipolige Adapter (mit eckigen Steckern) erforderlich. Bei empfindlichen elektronischen Geräten (Laptops, iPods, Handys) sind Stromspannungsregler (engl. *powersurge-regulators*) empfehlenswert, die in jedem kenianischen Supermarkt erhältlich sind.

TAXI

Taxen sind oft die beste und fast immer die schnellste Möglichkeit, von A nach B zu kommen. Erklären Sie dem Fahrer vor der Abfahrt, wohin Sie wollen, und machen Sie einen verbindlichen Preis aus. Nicht immer kennen die Fahrer den Weg, seien Sie deshalb am besten vorbereitet – zur Not lassen Sie den Fahrer bei Ihrem Ziel anrufen und sich den Weg erklären. Nachts sollten Sie in Nairobi und Mombasa auch bei kurzen Strecken stets ein Taxi nehmen.

TELEFON & HANDY

Eine der sinnvollsten Anschaffungen bei einem Urlaub ist die SIM-Karte eines kenianischen Anbieters. *Safaricom* und *Airtel* sind im ganzen Land verbreitet, *Orange* und *YU* nur in den großen Städten. Die SIM kostet etwa 3 Euro und kann in jedes mitgebrachte Handy eingelegt werden. Aufgeladen wird das Handy von Prepaidkarten *(scratch cards),* die überall erhältlich sind. Alle Nummern in diesem Buch sind mit einem kenianischen Handy deutlich günstiger erreichbar als über Roaming mit einem deutschen Vertrag. Auch Gespräche und SMS nach Deutschland sind erstaunlich günstig. Die Telefonnummern in diesem Buch sind für den Gebrauch in Kenia aufgelistet: Von Europa aus wählen Sie 00254 vor und lassen die erste „0" weg. Vorwahl nach Deutschland: 0049, nach Österreich: 0043, in die Schweiz: 0041.

UNTERKÜNFTE

Auf Safari haben Sie meist die Wahl zwischen einer Lodge (einem Haus mit Zimmern, ähnlich einem Hotel) und einem Camp. Das Camp besteht aus Zelten, die begehbar und geräumig, luxuriös eingerichtet und mit Bad versehen sind – meist die ökologischste Variante in einem Nationalpark. Am Strand gibt es Resorts, Hotelanlagen, die auf einem riesigen Gelände Hunderte Urlauber beherbergen. Alternativ gibt's Cottages oder Bandas, kleine Häuser, die oft aus Stein gebaut und deren Dächer mit *Makuti* (Palmenblättern) gedeckt sind. Meist werden Übernachtungspreise *per person sharing,* also pro Person im Doppelzimmer, angegeben.

ZEIT

Kenia ist der Mitteleuropäischen Zeit (MEZ) um zwei Stunden voraus. Während der Sommerzeit in Europa reduziert sich der Abstand auf eine Stunde.

ZOLL

Einfuhr: 0,7 l alkoholische Getränke und eine Stange Zigaretten. Ein Ausfuhrverbot (und Einfuhrverbot nach Deutschland) gilt für Elfenbein, Felle, Korallen, Muscheln und Tiertrophäen. Freimengen bei der Rückreise in die EU: 200 Zigaretten oder 50 Zigarren, 1 l Spirituosen über 22 %, 2 l Wein, 50 ml Parfüm oder 250 ml Eau de Toilette sowie Waren im Wert von 430 Euro. Für die Schweiz gelten andere Bestimmungen.

WETTER IN MOMBASA

	Jan.	Feb.	März	April	Mai	Juni	Juli	Aug.	Sept.	Okt.	Nov.	Dez.
Tagestemperaturen in °C	32	32	33	31	29	29	28	28	29	30	31	32
Nachttemperaturen in °C	23	23	24	24	23	21	20	20	21	22	23	23
Sonnenschein Stunden/Tag	9	9	9	8	9	8	7	8	9	9	9	9
Niederschlag Tage/Monat	4	2	5	10	14	9	11	10	9	12	10	6
Wassertemperaturen in °C	27	28	28	28	28	27	25	25	27	27	27	27

SPRACHFÜHRER ENGLISCH

AUSSPRACHE

Zur Erleichterung der Aussprache sind alle englischen Wörter mit einer einfachen Aussprache (in eckigen Klammern) versehen. Folgende Zeichen sind Sonderzeichen:

θ hartes [s] (gesprochen mit Zungenspitze an der oberen Zahnreihe, zischend)

D weiches [s] (gesprochen mit Zungenspitze an der oberen Zahnreihe, summend)

' nachfolgende Silbe wird betont

ə angedeutetes [e] (wie in „Bitte")

AUF EINEN BLICK

ja/nein/vielleicht	yes [jäs]/no [nəu]/maybe [mäibi]
Bitte/Danke	please [plihs]/thank you [θänkju]
Entschuldigung!	Sorry! [sori]
Entschuldigen Sie!	Excuse me! [Iks'kjuhs mi]
Wie bitte?	Pardon? ['pahdn?]
Ich möchte .../Haben Sie ...?	I would like to ... [ai wudd 'laik tə]/Have you got ...? ['Həw ju got?]
Wie viel kostet ...?	How much is ...? ['hau matsch is?]
Das gefällt mir (nicht).	I (don't) like this. [Ai (dəunt) laik Dis]
gut/schlecht	good [gud]/bad [bäd]
kaputt/funktioniert nicht	broken ['brəukən]/doesn't work ['dasənd wörk]
Rechnung/Quittung	invoice [‚inwois]/receipt [ri'ssiht]
alles/nichts	everything ['evriθing]/nothing [naθing]
offen/geschlossen	open ['oupän]/closed ['klousd]
Hilfe!/Achtung!/Vorsicht!	Help! [hälp]/Attention! [ə'tänschən] Caution! ['koschən]
Krankenwagen	ambulance ['ämbjulənts]
Polizei/Feuerwehr	police [po'lihs]/fire brigade [faiə brigäid]
Verbot/verboten	ban [bän]/forbidden [fohr'biddän]
Gefahr/gefährlich	danger [deinschər]/dangerous ['deinschərəss]
Darf ich Sie/hier fotografieren?	May I take a picture of you? [mäi ai täik ə 'piktscha of ju?]/May I take pictures here? [mäi ai täik 'piktschas hihr?]
Gute(n) Morgen!/Tag!/Abend!/Nacht!	good morning! [gud 'mohning]/afternoon! [aftə'nuhn]/evening! [‚ihwning]/night! [nait]

Do you speak English?

„Sprichst du Englisch?" Dieser Sprachführer hilft Ihnen, die wichtigsten Wörter und Sätze auf Englisch zu sagen

Hallo!/Auf Wiedersehen!	Hello! [həˈləu]/Goodbye! [gudˈbai]
Tschüss!	Bye! [bai!]
Ich heiße ...	My name is ... [mai näim is]
Wie heißen Sie/heißt du?	What's your name? [wots jur näim?]
Ich komme aus ...	I'm from ... [aim from ...]
heute/morgen/gestern	today [təˈdäi]/tomorrow [təˈmorəu]/yesterday [ˈjästədäi]
Stunde/Minute	hour [ˈauər]/minutes [ˈminəts]
Tag/Nacht/Woche	day [däi]/night [nait]/week [wihk]
Monat/Jahr	month [manθ]/year [jiər]
Ich habe ein Zimmer reserviert.	I have booked a room. [ai häw buckt ə ruhm]
Frühstück/Halbpension	breakfast [ˈbräckfəst]/half-board [ˈhahf boəd]
nach vorne/zum Meer	forward [fohwəd]/to the sea [tu Də sih]
Dusche/Bad	shower [ˈschauər]/bath [bahθ]
Schlüssel/Zimmerkarte	key [ki]/room card [ˈruhm kahd]
Gepäck/Koffer/Tasche	luggage [ˈlaggətsch]/ suitcase [ˈsjutkäis]/bag [bäg]
Wie viel Uhr ist es?	What time is it? [wət ˈtaim is it?]
Es ist drei Uhr.	It's three o'clock. [its θrih əklok]

SUAHELI

ja/nein/okay	ndiyo/hapana/sawa	1	Moja
bitte/danke	tafadhali/asante	2	Mbili
Entschuldigung!	Samahani!	3	Tatu
Hallo, wie geht's?	Hujambo?	4	Nne
Danke, es geht mir gut.	Sijambo.	5	Tano
Guten Tag.	Habari.	6	Sita
Guten Morgen!/Guten Abend!	Habari za asubuhi!/ Habari za jioni!	7	Saba
Auf Wiedersehen!	Kwaheri!/Tutaonana! (ugs.)	8	Nane
Ich heiße ...	Jina langu ni ...	9	Tisa
Ich komme aus ...	Mimi ninatoka ...	10	Kumi
... Deutschland.	... Ujerumani.	20	Ishirini
... Österreich./Schweiz.	... Mwaustria./... Uswisi.	100	Mia
Ich verstehe nicht.	Sielewi.		
Wie viel kostest es?	Hii ni shilingi ngapi?		
Bitte, wo ist ...?	Tafadhali, iko wapi ...?		
Helfen Sie mir bitte!	Tafadhali unisaidie!		

UNTERWEGS

Abfahrt/Abflug/Ankunft	departure [dih'pahtschə]/departure [dih'pahtschə]/arrival [ə'raiwəl]
Toiletten/Damen/Herren	toilets ['toilət] (auch: restrooms [restruhms])/ladies ['läidihs]/gentlemen ['dschäntlmən]
(kein) Trinkwasser	(no) drinking water [(nou) 'drinkin 'wotər]
Wo ist ...?/Wo sind ...?	Where is ...? ['weə is?]/Where are ...? ['weə ahr?]
links/rechts	left [läft]/right [rait]
geradeaus/zurück	straight ahead [streit ə'hät]/back [bäk]
nah/weit	near [niə]/far [fahr]
Bus/Straßenbahn	bus [bas]/tram [träm]
U-Bahn/Taxi	underground ['andəgraunt]/taxi ['tägsi]
Haltestelle/Taxistand	stop [stap]/taxi stand ['tägsi ständ]
Fahrplan/Fahrschein	schedule ['skädjuhl]/ticket ['tikət]
ein Auto/Tankstelle	a car [ə kahr]/petrol station [pätrol stäischən]

ESSEN & TRINKEN

Reservieren Sie uns bitte für heute Abend einen Tisch für vier Personen.	Could you please book a table for tonight for four? [kudd juh 'plihs buck ə 'täibəl for tunait for fohr?]
auf der Terrasse	outside [aut'said]/on the terrace [on Də 'täräs]
am Fenster	at the window [ät Də 'windəu]
Die Speisekarte, bitte.	The menue, please. [Də 'mänjuh plihs]
mit/ohne Eis/Kohlesäure	with [wiD]/without ice [wiD'aut ais]/gas [gäs]
Vegetarier(in)/Allergie	vegetarian [wätschə'täriən]/allergy ['ällədschi]
Ich möchte zahlen, bitte.	May I have the bill, please? [mäi ai häw Də bill plihs?]

BANKEN & GELD

Bank/Geldautomat	bank [bänk]/ATM [äi ti äm] (auch: cash machine ['käschməschin])
Ich möchte ... Euro wechseln.	I'd like to change ... Euro. [aid laik tu tschäindsch ... iuhro]
bar/ec-Karte/Kreditkarte	cash [käsch]/ATM card [äi ti äm kahrd]/credit card [krädit kahrd]
Wechselgeld	change [tschäindsch]

GESUNDHEIT

Arzt/Zahnarzt/Kinderarzt	doctor ['doktər]/dentist ['däntist]/pediatrician [pidiə'trischən]
Krankenhaus	hospital ['hospitəl]
Fieber/Schmerzen	fever ['fihwər]/pain [päin]
Durchfall/Übelkeit	diarrhoea [daiə'riə]/nausea ['nohsiə]

SPRACHFÜHRER

Sonnenbrand	sunburn ['sanböhrn]
entzündet/verletzt	inflamed [in'fläimd]/injured ['indschəd]
Apotheke/Drogerie	pharmacy ['farməssi]/chemist ['kemist]
Schmerzmittel/Tablette	pain reliever [päin re'lihwər]/tablet ['täblət]

TELEKOMMUNIKATION & MEDIEN

Briefmarke/Brief	stamp [stämp]/letter ['lättər]
Postkarte	postcard ['pəustkahd]
Telefonkarte	phone card ['founkahd]
fürs Festnetz	for the fixed line network [fohr Də fikst lain 'nättwörk]
Ich suche eine Prepaid-karte für mein Handy.	I'm looking for a prepaid card for my mobile. [aim 'lucking fohr ə 'pripäid kahd for mai 'mobail]
Internetzugang	internet access ['internet 'äkzäss]
wählen/Verbindung/besetzt	dial ['daiəl]/connection [kə'nnäktschən]/busy [bisi]
Batterie/Akku	battery ['bättəri]/rechargeable battery [ri'tschahdschəbəl 'bättəri]
Internetanschluss/WLAN	internet connection ['internet kə'näktschən]/Wifi [waifai] (auch: Wireless LAN ['waərläss lan])
E-Mail/Datei/ausdrucken	email ['imäil]/file [fail]/ print [print]

FREIZEIT, SPORT & STRAND

Strand/Strandbad	beach [bihtsch]/lido ['lidəu]
Sonnenschirm/Liegestuhl	umbrella [am'bräla]/deckchair ['däcktschäər]
Ebbe/Flut/Strömung	low tide [lou taid]/flood [flad]/flow [flou]

ZAHLEN

0	zero ['sirou]		15	fifteen [fif'tihn]
1	one [wan]		16	sixteen [siks'tihn]
2	two [tuh]		17	seventeen ['säwəntihn]
3	three [θri]		18	eighteen [äi'tihn]
4	four [fohr]		19	nineteen [nain'tihn]
5	five [faiw]		70	seventy ['säwənti]
6	six [siks]		80	eighty ['äiti]
7	seven ['säwən]		90	ninety ['nainti]
8	eight [äit]		100	(one) hundred [('wan) 'handrəd]
9	nine [nain]		200	two hundred ['tuh 'handrəd]
10	ten [tän]		1000	(one) thousand [('wan) θausənd]
11	eleven [i'läwn]		2000	two thousand ['tuh θausənd]
12	twelve [twälw]		10 000	ten thousand ['tän θausənd]
13	thirteen [θör'tihn]		1/2	a/one half [ə/wan 'hahf]
14	fourteen [fohr'tihn]		1/4	a/one quarter [ə/wan 'kwohtə]

REISEATLAS

Die grüne Linie  zeichnet den Verlauf der Ausflüge & Touren nach
Die blaue Linie zeichnet den Verlauf der Perfekten Route nach

Der Gesamtverlauf aller Touren ist auch in
der herausnehmbaren Faltkarte eingetragen

Bild: Giraffen im Amboseli-Park am Kilimandscharo

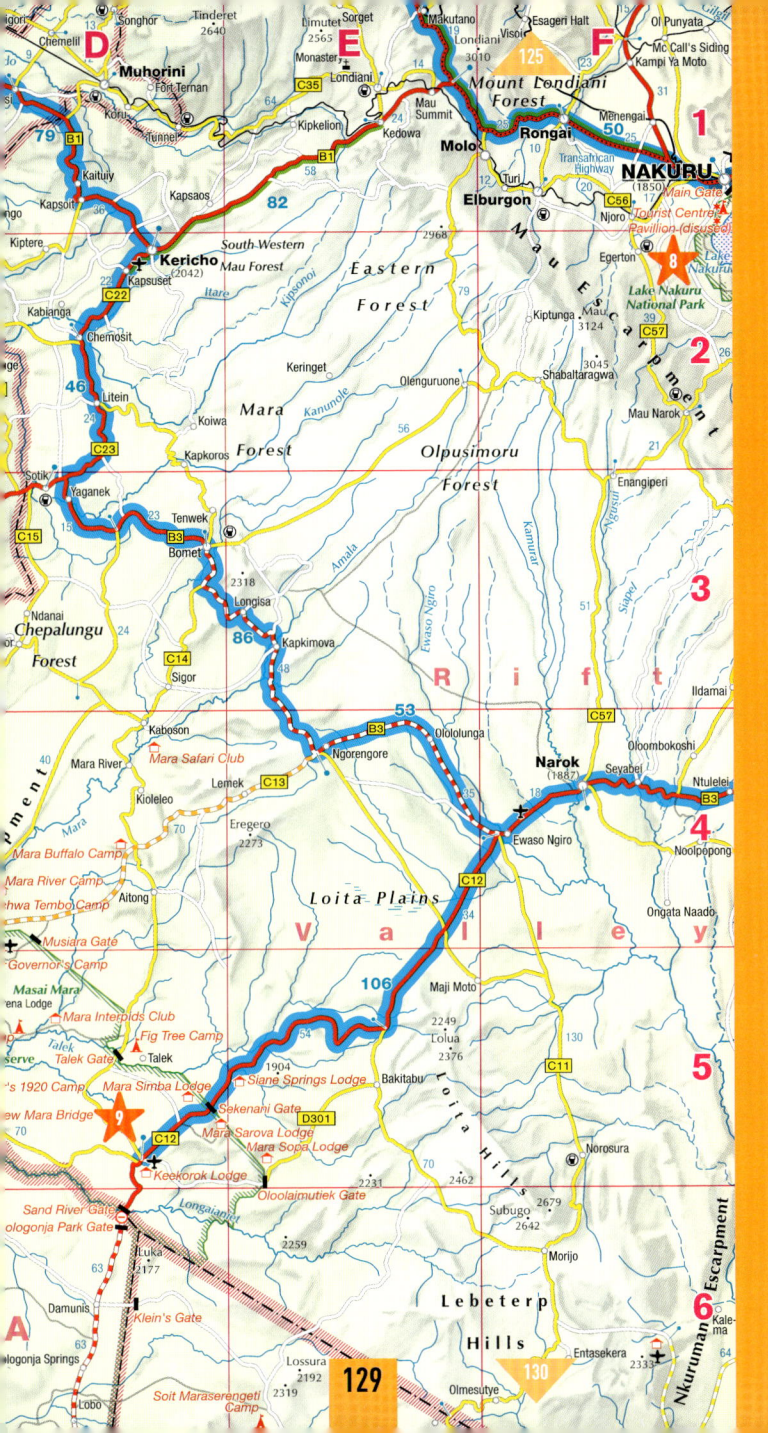

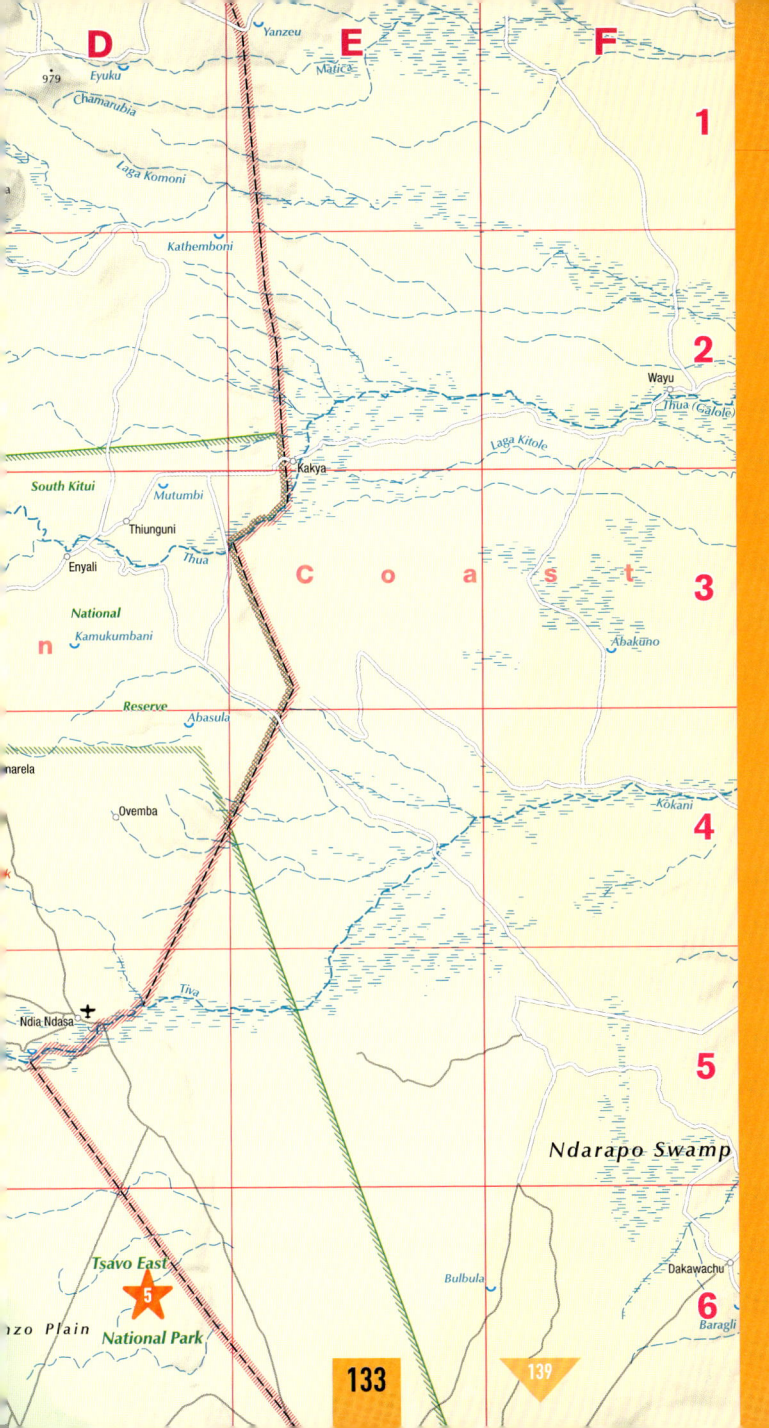

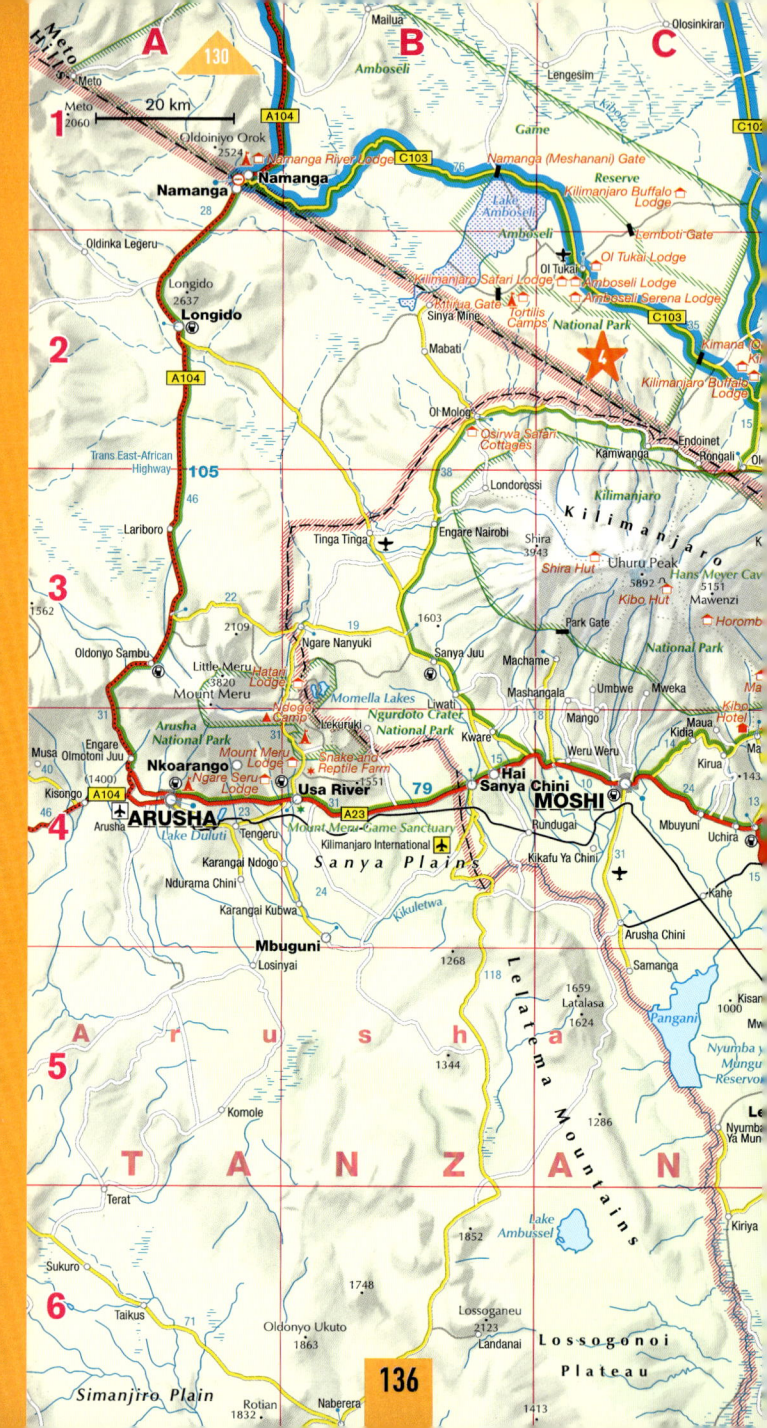

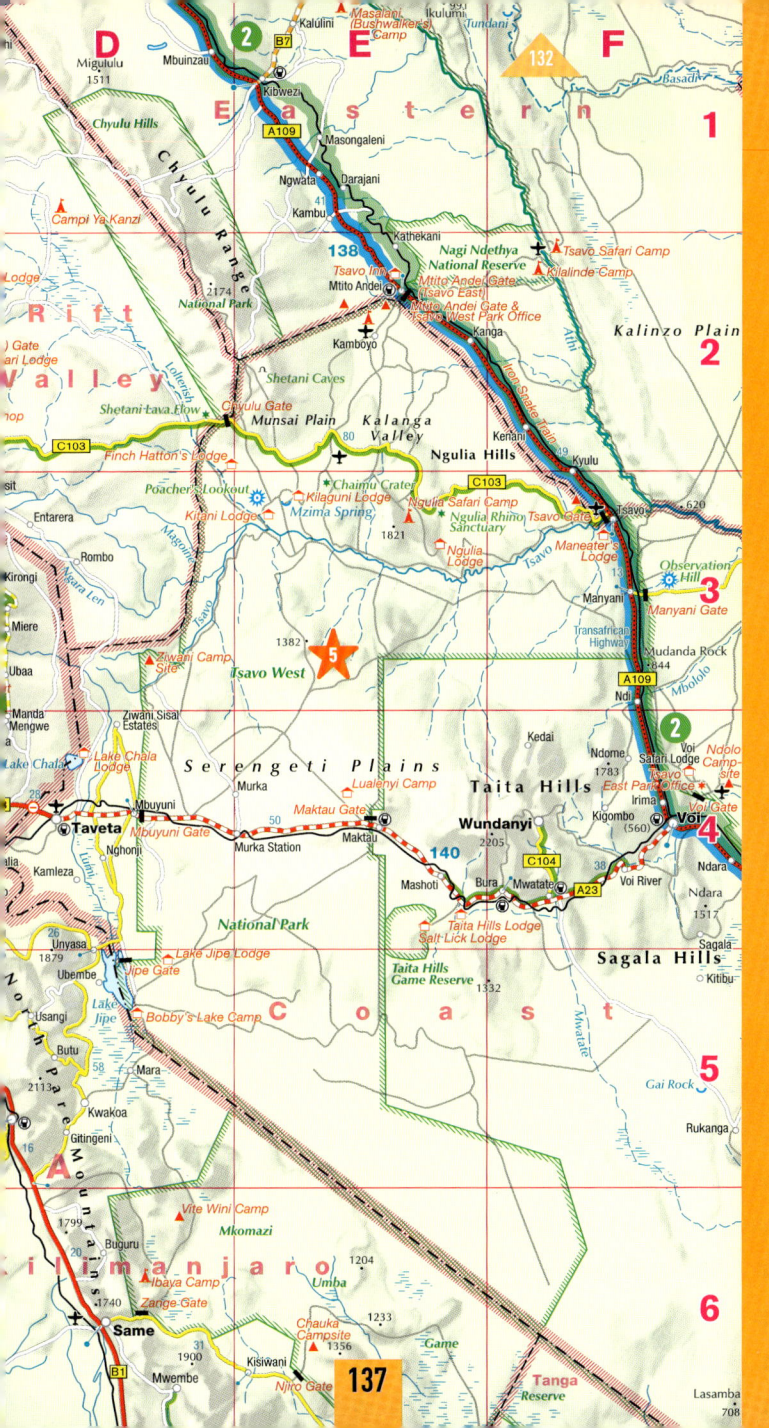

KARTENLEGENDE

18 **26**	Autobahn mit Anschlussstellen Motorway with junctions
	Autobahn in Bau Motorway under construction
	Mautstelle Toll station
	Raststätte mit Übernachtung Roadside restaurant and hotel
	Raststätte Roadside restaurant
	Tankstelle Filling-station
	Autobahnähnliche Schnell- straße mit Anschlussstelle Dual carriage-way with motorway characteristics with junction
	Fernverkehrsstraße Trunk road
	Durchgangsstraße Thoroughfare
	Wichtige Hauptstraße Important main road
	Hauptstraße Main road
	Nebenstraße Secondary road
	Eisenbahn Railway
	Autozug-Terminal Car-loading terminal
	Zahnradbahn Mountain railway
	Kabinenschwebebahn Aerial cableway
	Eisenbahnfähre Railway ferry
	Autofähre Car ferry
	Schifffahrtslinie Shipping route
	Landschaftlich besonders schöne Strecke Route with beautiful scenery
Alleenstr.	Touristenstraße Tourist route
XI-V	Wintersperre Closure in winter
×-×-×-×	Straße für Kfz gesperrt Road closed to motor traffic
8%	Bedeutende Steigungen Important gradients
	Für Wohnwagen nicht empfehlenswert Not recommended for caravans
	Für Wohnwagen gesperrt Closed for caravans
	Besonders schöner Ausblick Important panoramic view

Hyrax Hill *Njorowa Gorge*	Sehenswert: Kultur - Natur Of interest: culture - nature
	Badestrand Bathing beach
	Nationalpark, Naturpark National park, nature park
	Sperrgebiet Prohibited area
	Kirche Church
	Kloster Monastery
	Schloss, Burg Palace, castle
	Moschee Mosque
	Ruinen Ruins
	Leuchtturm Lighthouse
	Turm Tower
	Höhle Cave
	Ausgrabungsstätte Archaeological excavation
▲	Jugendherberge Youth hostel
	Allein stehendes Hotel Isolated hotel
	Berghütte Refuge
▲	Campingplatz Camping site
	Flughafen Airport
	Regionalflughafen Regional airport
⊕	Flugplatz Airfield
	Staatsgrenze National boundary
	Verwaltungsgrenze Administrative boundary
⊝	Grenzkontrollstelle Check-point
⊝	Grenzkontrollstelle mit Beschränkung Check-point with restrictions
NAIROBI	Hauptstadt Capital
<u>Garissa</u>	Verwaltungssitz Seat of the administration
	Ausflüge & Touren Trips & Tours
	Perfekte Route Perfect route
★1	MARCO POLO Highlight MARCO POLO Highlight

ALLE **MARCO POLO** REISEFÜHRER

DEUTSCHLAND

Allgäu
Bayerischer Wald
Berlin
Bodensee
Chiemgau/
 Berchtesgadener
 Land
Dresden/
 Sächsische
 Schweiz
Düsseldorf
Eifel
Erzgebirge/
 Vogtland
Föhr/Amrum
Franken
Frankfurt
Hamburg
Harz
Heidelberg
Köln
Lausitz/
 Spreewald/
 Zittauer Gebirge
Leipzig
Lüneburger Heide/
 Wendland
Mecklenburgische
 Seenplatte
Mosel
München
Nordseeküste
 Schleswig-
 Holstein
Oberbayern
Ostfriesische Inseln
Ostfriesland/
 Nordseeküste
 Niedersachsen/
 Helgoland
Ostseeküste
 Mecklenburg-
 Vorpommern
Ostseeküste
 Schleswig-
 Holstein
Pfalz
Potsdam
Rheingau/
 Wiesbaden
Rügen/Hiddensee/
 Stralsund
Ruhrgebiet
Sauerland
Schwarzwald
Stuttgart
Sylt
Thüringen
Usedom
Weimar

ÖSTERREICH SCHWEIZ

Berner Oberland/
 Bern
Kärnten
Österreich
Salzburger Land
Schweiz

Steiermark
Tessin
Tirol
Wien
Zürich

FRANKREICH

Bretagne
Burgund
Côte d'Azur/
 Monaco
Elsass
Frankreich
Französische
 Atlantikküste
Korsika
Languedoc-
 Roussillon
Loire-Tal
Nizza/Antibes/
 Cannes/Monaco
Normandie
Paris
Provence

ITALIEN MALTA

Apulien
Dolomiten
Elba/Toskanischer
 Archipel
Emilia-Romagna
Florenz
Gardasee
Golf von Neapel
Ischia
Italien
Italienische Adria
Italien Nord
Italien Süd
Kalabrien
Ligurien/Cinque
 Terre
Mailand/
 Lombardei
Malta/Gozo
Oberital. Seen
Piemont/Turin
Rom
Sardinien
Sizilien/Liparische
 Inseln
Südtirol
Toskana
Umbrien
Venedig
Venetien/Friaul

SPANIEN PORTUGAL

Algarve
Andalusien
Barcelona
Baskenland/
 Bilbao
Costa Blanca
Costa Brava
Costa del Sol/
 Granada

Fuerteventura
Gran Canaria
Ibiza/Formentera
Jakobsweg/
 Spanien
La Gomera/
 El Hierro
Lanzarote
La Palma
Lissabon
Madeira
Madrid
Mallorca
Menorca
Portugal
Spanien
Teneriffa

NORDEUROPA

Bornholm
Dänemark
Finnland
Island
Kopenhagen
Norwegen
Oslo
Schweden
Stockholm
Südschweden

WESTEUROPA BENELUX

Amsterdam
Brüssel
Cornwall und
 Südengland
Dublin
Edinburgh
England
Flandern
Irland
Kanalinseln
London
Luxemburg
Niederlande
Niederländische
 Küste
Schottland

OSTEUROPA

Baltikum
Budapest
Danzig
Krakau
Masurische Seen
Moskau
Plattensee
Polen
Polnische
 Ostseeküste/
 Danzig
Prag
Slowakei
St. Petersburg
Tallinn
Tschechien
Ukraine
Ungarn
Warschau

SÜDOSTEUROPA

Bulgarien
Bulgarische
 Schwarzmeer-
 küste
Kroatische Küste/
 Dalmatien
Kroatische Küste/
 Istrien/Kvarner
Montenegro
Rumänien
Slowenien

GRIECHENLAND TÜRKEI ZYPERN

Athen
Chalkidiki/
 Thessaloniki
Griechenland
 Festland
Griechische Inseln/
 Ägäis
Istanbul
Korfu
Kos
Kreta
Peloponnes
Rhodos
Samos
Santorin
Türkei
Türkische Südküste
Türkische Westküste
Zákinthos/Itháki/
 Kefalloniá/Léfkas
Zypern

NORDAMERIKA

Alaska
Chicago und
 die Großen Seen
Florida
Hawai`i
Kalifornien
Kanada
Kanada Ost
Kanada West
Las Vegas
Los Angeles
New York
San Francisco
USA
USA Ost
USA Südstaaten/
 New Orleans
USA Südwest
USA West
Washington D.C.

MITTEL- UND SÜDAMERIKA

Argentinien
Brasilien
Chile
Costa Rica
Dominikanische
 Republik

Jamaika
Karibik/
 Große Antillen
Karibik/
 Kleine Antillen
Kuba
Mexiko
Peru/Bolivien
Venezuela
Yucatán

AFRIKA UND VORDERER ORIENT

Ägypten
Djerba/
 Südtunesien
Dubai
Israel
Jordanien
Kapstadt/
 Wine Lands/
 Garden Route
Kapverdische
 Inseln
Kenia
Marokko
Namibia
Rotes Meer/Sinai
Südafrika
Tansania/
 Sansibar
Tunesien
Vereinigte
 Arabische
 Emirate

ASIEN

Bali/Lombok/Gilis
Bangkok
China
Hongkong/Macau
Indien
Indien/Der Süden
Japan
Kambodscha
Ko Samui/
 Ko Phangan
Krabi/Ko Phi Phi/
 Ko Lanta
Malaysia
Nepal
Peking
Philippinen
Phuket
Shanghai
Singapur
Sri Lanka
Thailand
Tokio
Vietnam

INDISCHER OZEAN UND PAZIFIK

Australien
Malediven
Mauritius
Neuseeland
Seychellen

REGISTER

In diesem Register sind alle im Reiseführer erwähnten Orte und Ausflugsziele sowie einige wichtige Namen und Sachbegriffe aufgeführt. Gefettete Seitenzahlen verweisen auf den Haupteintrag.

SCHREIBEN SIE UNS!

SMS-Hotline: 0163 6 39 50 20

Egal, was Ihnen Tolles im Urlaub begegnet oder Ihnen auf der Seele brennt, lassen Sie es uns wissen! Ob Lob, Kritik oder Ihr ganz persönlicher Tipp – die MARCO POLO Redaktion freut sich auf Ihre Infos.
Wir setzen alles dran, Ihnen möglichst aktuelle Informationen mit auf die Reise zu geben. Dennoch schleichen sich manchmal Fehler ein – trotz gründ-

E-Mail: info@marcopolo.de

licher Recherche unserer Autoren/innen. Sie haben sicherlich Verständnis, dass der Verlag dafür keine Haftung übernehmen kann. Kontaktieren Sie uns per SMS, E-Mail oder Post!

MARCO POLO Redaktion
MAIRDUMONT
Postfach 31 51
73751 Ostfildern

IMPRESSUM
Titelbild: Elefant in der Savanne (Getty Images: Digital Vision/Darell Gulin)
Fotos: Das Fotoarchiv: Xinhua (104/105); M. Engelhardt (1 u.); W. Gartung (89, 103, 108 o.); Getty Images: Digital Vision (Darell Gulin) (1 o.); R. M. Gill (24/25, 26 r.); Huber: Biscaro (8, 62), Schmid (Klappe r., 2 M.u., 32/33, 43, 108 u., 120/121); © iStockphoto.com: mediaphotos (17 u.); Laif: hemis.fr (64), Riehle (80, 87); Lamu Retreats: Jake da Motta (16 M.); Leopard Beach Resort (16 u.); Look: Martin (90); mauritius images: Pigneter (41); mauritius images: age (3 o., 20, 60/61), Alamy (Klappe l., 2 o., 2 M.o., 4, 6, 7, 9, 10/11, 15, 18/19, 22, 26 l., 27, 28, 29, 34, 36, 47, 52/53, 57, 58, 66, 69, 74, 76, 78/79, 84, 92/93, 94, 96, 97, 98/99, 102/103, 104, 109), ib (Zoller) (30 r.), Warburton-Lee (3 u., 12/13, 30 l., 82/83); H. Mielke (3 M., 28/29, 39, 45, 72/73, 101); Okapia: Staebler (5, 105); M. Thomas (49, 50, 54, 70, 91, 102); UniquEco: Georgine Goodwin, Charlie Ceres Cook (16 o.); Wildfitness (17 o.)

11., komplett neu erstellte Auflage 2013
© MAIRDUMONT GmbH & Co. KG, Ostfildern
Chefredaktion: Michaela Lienemann (Chefin, Chefin vom Dienst), Marion Zorn (Konzept, Textchefin)
Autor: Marc Engelhardt; Redaktion: Jochen Schürmann
Verlagsredaktion: Anita Dahlinger, Ann-Katrin Kutzner, Nikolai Michaelis
Bildredaktion: Gabriele Forst
Im Trend: wunder media, München
Kartografie Reiseatlas: © MAIRDUMONT, Ostfildern; Kartografie Faltkarte: © MAIRDUMONT, Ostfildern
Innengestaltung: milchhof:atelier, Berlin; Titel, S. 1, Titel Faltkarte: factor product münchen
Sprachführer: in Zusammenarbeit mit Ernst Klett Sprachen GmbH, Stuttgart, Redaktion PONS Wörterbücher

BLOSS NICHT ☝

IM NATIONALPARK AUSSTEIGEN

In Nationalparks darf man nur an gekennzeichneten Stellen aus dem Auto aussteigen. Mit Grund: Es ist lebensgefährlich! Die vermeintlich niedlichen Affen nahe Ihrem Zelt können schnell aggressiv werden: Halten Sie Abstand, und füttern Sie sie niemals.

KENIANER BEMITLEIDEN

Viele Kenianer sind arm, aber sie sind auch stolz. Als Urlauber haben Sie die Chance, auch denen Respekt zu zeigen, die wenig haben – zum Beispiel durch ein Gespräch. Geben Sie gezielt etwas, wenn Sie helfen wollen, nicht aus schlechtem Gewissen.

VERBRENNEN

Die Äquatorsonne, im Hochland auch noch Höhensonne, ist gefährlich. Selbst bei Bewölkung färbt sich die Haut schnell rot. Tragen Sie Sonnencreme mit hohem Lichtschutzfaktor auf.

LEITUNGSWASSER TRINKEN

Auch in den besten Hotels sollten Sie zu Mineralwasser greifen, um Durchfälle und schlimmere Erkrankungen zu vermeiden. Versiegelte Flaschen gibt es überall und sind die bessere Alternative, auch zum Zähneputzen.

SCHMIERGELD ZAHLEN

Ein heikles Thema ist die in Kenia vorkommende Korruption. Sollte tatsächlich jemand ein Bestechungsgeld von Ihnen verlangen, stellen Sie sich dumm und lassen Sie denjenigen wieder und wieder erklären, was genau er meint. Regen Sie sich auf, kann das – vor allem bei Polizei oder offiziellen Stellen – Schwierigkeiten nach sich ziehen.

IM DUNKELN DURCH DIE STADT LAUFEN

Wenn die Sonne untergegangen ist, nehmen Sie für jeden noch so kurzen Weg ein Taxi. Straßenbeleuchtung ist nahezu unbekannt, und im Schatten lauert manch zwielichtige Gestalt.

KNAUSERN

Wenn Sie mit eigenem Führer auf eine längere Safari gehen, auf den Mount Kenya steigen oder einen Fahrer mieten, zeigen Sie sich – außer Sie sind unzufrieden – großzügig. Ihre Trinkgelder sind meist das Haupteinkommen der Betroffenen.

ZU FREIZÜGIG SEIN

Jeder öffentliche Austausch von Zärtlichkeiten, z. B. ein Kuss oder Händchenhalten, ist in Kenia absolut unüblich. Homosexualität ist sogar verboten, FKK, auch oben ohne, ebenso.

SITZEN BLEIBEN

Wenn die Nationalhymne erklingt (vor jeder öffentlichen Aufführung, sei es im Konzert, im Kino o.ä.), muss man aufstehen und innehalten, bis die Musik stoppt.